전광훈 목사 설교 시리즈 Light 03

만유회복

KB211306

전광훈 목사 설교 시리즈 Light 03

만유회복

JUN KWANG HOON

전광훈 지음

NEWPURITAN
PUBLISHING

들어가는 말

/

　한 사람의 현재 역사는 과거의 결과물로 나타난 것이기 때문에, 과거의 잘못을 직시하고 고치려고 노력한다면 그 사람의 미래는 밝아질 것입니다. 이와 동일하게, 죄로 무너진 만유를 회복하기 위해서는 아담과 하와가 죄를 짓기 이전에 존재하던 과거의 영적 세계를 알아야 합니다. 영적 세계에서 사탄이 하나님에 대하여 어떤 죄를 지어서 내쫓김을 당했는지, 또 사탄이 어떻게 사람에게 다가와서 동일한 죄를 짓게 했는지에 대해 알아야 사탄을 이기고 만유를 회복할 수 있습니다. 〈만유회복〉의 말씀을 통해 사탄의 정체를 분명하게 알지 못하는 사람은 절대로 사탄을 이길 수 없습니다. 반면에 〈만유회복〉의 말씀 위에 올바르게 서 있는 사람은 원수 마귀를 이기고 죽어서 천국에 가는 것 뿐만 아니라, 만유가 다시 손 안으로 돌아오게 됩니다. 이것을 가리켜 '만유회복'이라고 합니다. 만유회복은 모든 지식의 근본입니다. 만유회복은 지식의 핵심이며, 만유회복을 알지 못하면 성경의 가치만 모를 뿐만 아니라 인간 스스로의 가치도 모르면서 인생을 살아가게 됩니다. 이 땅의 모든 교회가 사탄 마귀를 이기고, 인간으로서의 가치 있는 삶을 살기 위해서는 만유회복을 교과서로 사용해야 합니다. 교회의 새신자들에게는 6개월 안에 만유회복을 잘 상고하여 가르쳐야 합니다. 앞으로 바울 서신을 근거한 만유회복의 말씀을 배워나갈 때, 여러분에게 임할 하나님의 놀라운 축복을 기대하기 바랍니다.

전광훈 목사 드림

목차

01
/
만유회복

창세기 1장 1절
[1]태초에 하나님이 천지를 창조하시니라

요한복음 1장 1절
[1]태초에 말씀이 계시니라 이 말씀이 하나님과 함께 계셨으니 이 말씀은 곧 하나님이시니라

이 세상의 시간을 세 개로 나누면, 과거, 현재, 미래로 나눌 수 있습니다. 지금 우리가 살아가고 있는 시간을 현재라고 합니다. 그리고 지나온 시간을 과거라고 하고, 아직 오지 않은 시간을 미래라고 합니다. 한 사람의 현재 역사는 과거의 결과물로 나타난 것이기 때문에, 과거의 잘못을 직시하고 고치려고 노력한다면,

그 사람의 미래는 밝아질 것입니다. 이와 동일하게, 죄로 무너진 만유를 회복하기 위해서는 아담과 하와가 죄를 짓기 이전에 존재하던 과거의 영적 세계를 알아야 합니다. 영적 세계에서 사탄이 하나님에 대하여 어떤 죄를 지어서 내쫓김을 당했는지, 또 사탄이 어떻게 사람에게 다가와서 동일한 죄를 짓게 했는지에 대해 알아야 사탄을 이기고 타락한 만유를 회복할 수 있습니다. 그러므로 과거의 시간으로 돌아가야 합니다.

태초에

과거를 먼저 살펴봅시다. 100년 전, 그것보다 더 가서 1,000년 전, 아니 더 과거로 계속 가봅시다. 그렇게 컴퓨터의 숫자로도 셀 수 없을 정도로 과거의 시간을 거슬러 올라가보면, 인간의 과거는 끝나고 인간이 존재하기 전에 있었던 **"영원한 과거"**에 도달합니다. 그게 바로 **'태초'**라는 겁니다. 태초는 가장 오래된 마지막 과거이자 모든 시간의 출발점입니다. 불과 100년 전의 일도 모르는 인간은 자신의 힘으로 태초에 무슨 일이 있었는지를 절대 알 수 없습니다.

여러분, 개인적으로 가장 어릴 때의 기억이 어떤 건지 생각해보세요. 그때의 나이가 어떻게 됩니까? 5-6살 정도 되지 않습니까? 그때가 기억나지 않는 사람도 있을 겁니다. 또 어떤 사람은 4살 때를 기억하는 사람도 있습니다. 그런데 4살 때를 기억하는 사람은 천재라고 한답니다. 인간의 과거에 대한 기억력은 보통 6-7살이라고 합니다. 그러니까 우리의 개인적인 과거도 벌써 5년 정도의 기억은 모른다는 겁니다. 이렇게 개인적인 과거도 모르는데, "영원한 과거"를 어떻게 알 수 있겠습니까? 영원한 과거를 아는 사람은 없습니다.

우리의 과거도 부모님이나 주변에 어른들이 알려줘서 그런 줄 알고 믿는 겁니다. 자기의 이름, 생년월일을 스스로 아는 사람이 있습니까? 부모님이 이름을 불러주고, 생년월일을 알려주니까 아는 겁니다. 내 실력으로 아는 것이 아닙니다. 인간은 자신이 태어날 때부터 기억하는 그 시점까지의 자신의 과거를 자신의 힘으로 알 수가 없습니다. 내가 태어난 장소, 시간 등 나를 둘러싼 어떤 것도 나는 알지 못합니다. 사람은 개인의 과거도 전부 알 수 없습니다. 하물며 어떻게 사람의 능력으로 천년, 만년, 억만년을 거슬러 올라가서 영원한 과거인 '태초'에 있었던 일을 알 수 있겠습니까?

"영원한 과거"는 성경에서 **"태초"**라고 말합니다. 이 태초의 과거에 대해서 아는 사람은 아무도 없습니다. 태초를 아는 분은 단 한 분이십니다. 이 분이 알려주셨기에 태초라는 것이 있다고 알고 있는 겁니다. 그분이 바로 하나님이십니다. 하나님만 그걸 아는 겁니다. 믿습니까? 하나님만 그걸 알고 있지, 인간의 힘으로는 알 수가 없는 겁니다.

영원한 과거인 태초에는 나무도, 풀도, 산과 들도 없었습니다.

해, 달, 별도 없었습니다. 아무 것도 없었습니다. 존재 자체가 없는 상태였습니다. 심지어 공기도 없었습니다. 아무 것도 없고, 오직 삼위일체 하나님만 계셨습니다. **"성부 하나님", "성자 하나님", "성령 하나님."** 삼위일체 하나님만 계셨던 시대가 영원한 과거인 태초입니다. 사람은 오직 태초에 계셨던 삼위일체 하나님을 통해서만 영원한 과거를 알 수 있습니다. 이렇게 말하면, 이런 질문을 하는 사람들이 있습니다. "그러면 하나님은 누가 낳았어요?"

스스로 있는 분

여러분, 제가 이야기하는 걸 잘 들어야 합니다. 사람들이 "하나님은 누가 낳았어요?" 하고 물어보는 것은 하나님의 창조의 질서 안에, 하나님의 창조의 습관 안에 사람들이 살기 때문입니다. 이 땅에 사람이 존재하는 것은 부모님의 사랑을 통해 우리를 낳았기 때문입니다. 뭔가의 존재가 이어지기 위해서는 번식이라는 것을 통해서 이어집니다. 여기에 우리가 길들여져 있기 때문에 하나님의 존재를 이어준 다른 존재에 대해서 물어보는 겁니다. "하나님은 누가 낳았나?"

사람들의 이런 질문은 마치 이런 것과 같습니다. 우리나라하고 필리핀은 계절이 다릅니다. 지금 우리나라의 계절이 뭔가 애매해지기는 했지만, 봄, 여름, 가을, 겨울, 사계절이 있습니다. 우리나라 사람들은 사계절에 익숙해져서 더운 여름이 오면, 곧 다가올 가을을 생각합니다. 그리고 겨울이 오면, 눈이 온다는 걸 자연스럽게 압니다. 계절을 이미 경험해서 그 계절의 패턴에 길들여져 있단 말입니다. 그런데 필리핀 사람들은 사계절을 모릅니다. 거긴 사계절이 없기 때문에 우리와 같은 사계절의 경험이 없습니다. 여름에 필리핀에 가서 두 달이 지난 후에 "왜 가을이 안 오고 계속 뜨거워지는 거지?" 하는 사람은 없을 겁니다. 시간 더 흐른 후에 "이제 곧 겨울이 되니까, 눈이 오겠지" 하는 사람도 없을 겁니다. 필리핀은 가을과 겨울이 없기 때문입니다. 필리핀의 계절은 우리와 다르게 길들여져 있기 때문입니다.

우리가 하나님에 대해서 묻는 것은 하나님의 창조세계에 길들여진 습관으로 묻습니다. 인간이 존재하는 것은 하나님께서 사람을 만드시고 생육하고 번성하여 이 땅에 충만하라고 말씀하신 하나님의 창조세계에 길들여졌기 때문입니다. 그런데 하나님에 대해서 물을 때는 우리가 길들여진 세계가 아니라 하나님의 세계로 물어야 하는 겁니다. 왜냐하면 하나님의 세계는 우리와 다른 세계이기 때문입니다.

하지만, 인간들은 인간의 한계점을 벗어나지 못합니다. 왜냐하면 하나님의 창조의 습관에 길들여져 있기 때문에 하나님을 바라볼 때도 하나님의 창조의 습관 안에서 바라봅니다. 인간을 창조한 창조주에게 자꾸 창조물의 관점으로 이야기하니까, 하나님이 자신을 "나는 스스로 있는 자이니라" 하고 말합니다. 하나님은 하나님이라는 자체가 여호와입니다. 나는 스스로 있는 자라는 것이 여호와라는 뜻입니다. 할렐루야.

하나님은 누가 만든 존재가 아니라 스스로 계신 분입니다. **"스스로."** 이 땅에는 수 없이 많은 이름들이 있습니다. 나무는 나무대로 이름이 있고, 풀은 풀대로, 꽃은 꽃대로, 사람은 사람대로 이름이 있습니다. 하나님은 자신의 이름을 스스로 있는 자라고 이름을 붙였습니다. 창조물이 스스로 있는 자라고 하는 것은 그 자체가 거짓말입니다. 하지만, 하나님이 스스로 있는 자라고 이야기한 것은 거짓이 아닙니다. 스스로 계시는 분이 스스로 있다고 이야기한 것뿐입니다. 할렐루야.

하나님의 속성

영원한 과거인 태초에는 해와 달과 별도, 풀과 꽃과 나무도, 천사도 사람도, 아무것도 존재하지 않았습니다. 오직 삼위일체 하나님이신 성부, 성자, 성령님만이 존재했습니다. 이것에 대해 사람은 또 질문합니다. "삼위일체 하나님은 굉장히 심심하셨겠네요?"

요한일서 1장 1-2절을 읽어봅시다.

"태초부터 있는 생명의 말씀에 관하여는 우리가 들은 바요 눈으로 본 바요 주목하고 우리 손으로 만진 바라 이 생명이 나타내신바 된지라 이 영원한 생명을 우리가 보았고 증거하여 너희에게 전하노니 이는 아버지와 함께 계시다가 우리에게 나타내신바 된 자니라"(요일 1:1-2).

"태초부터." 하나님은 태초부터 계셨습니다. 요한복음 1장 1절
도 읽어봅시다.

"태초에 말씀이 계시니라 이 말씀이 하나님과 함께 계셨으니 이 말
씀은 곧 하나님이시니라"(요 1:1).

"태초에 말씀이 계시니라." 태초의 말씀이란 것이 예수님의 별
명입니다. 말씀으로 번역된 '로고스'는 예수님의 별명이란 말입니
다. 요한복음 17장 5절도 읽어봅시다.

"아버지요 창세 전에 내가 아버지와 함께 가졌던 영화로써 지금도
아버지와 함께 나를 영화롭게 하옵소서"(요 17:5).

"아버지여." 예수님이 육신으로 이 땅 계실 때, 하나님 앞에 기
도하는 말입니다. 요한복음 17장은 기도장이라고 하는데, '아버
지여 창세 전에' 하고 이야기합니다. 창세 전이 언제입니까? 바로
태초라는 겁니다. 그때 예수님이 아버지와 함께 있었다는 이야기
입니다. 예수님은 이 땅에 오시기 전에 창세 전부터 하나님하고
함께 계시면서 창세 전에 내가 아버지와 함께 영화를 가졌다고
말씀합니다. 영광의 극치를 가지고 계셨습니다. 그러니까 하나님
은 심심하셨던 분이 아닙니다.

사람은 혼자 있으면 심심하지만, 하나님은 혼자 계셔도 심심함을 느끼지 않으십니다. 하나님은 우리 인간하고는 완전히 다릅니다. 자꾸 하나님을 인간의 창조 질서 습관의 방법으로 이해하면 안 됩니다. 신학교에 가면 하나님의 속성에 대해서만 6개월을 배웁니다. 하나님의 속성에는 공유적 속성과 비공유적 속성이 있습니다. 공유적 속성은 인간과 비슷한 속성으로 거룩, 공의, 정의, 선함, 진실, 성실, 사랑, 기쁨, 생각, 감정, 의지 등이 있습니다. 비공유적 속성은 피조물인 인간과 자연세계는 가질 수 없는 절대적 속성을 의미합니다. 하나님은 자존(스스로 존재)하시고, 자위(스스로 위로)하시고, 자족(스스로 만족)하십니다. 하나님은 전지전능(모든 일을 아시고 행함)하시고, 무소부재(어디에나 존재)하시고, 영원불변(영원히 변하지 않음)하십니다. 이렇게 하나님의 속성은 인간과 다릅니다.

그렇다면 하나님은 왜 창조 행위를 시작하셨을까? 하나님이 자신을 처음으로 소개하신 것은 모세에게 하신 말씀이었습니다.

출애굽기 34장 6절을 읽어봅시다.

"여호와께서 그의 앞으로 지나시며 반포하시되 여호와로라 여호와로라 자비롭고 은혜롭고 노하기를 더디하고 인자와 진실이 많은 하나님이로라"(출 34:6).

출애굽기의 말씀처럼 하나님의 창조 행위는 사람에게 영광을 받기 위함도 또 외롭고 심심해서도 아니라, 하나님의 사랑의 본능으로 시작하심을 알 수 있습니다.

세 개의 나라

이 세상의 역사를 세 개의 동그라미로 표현한다면, 첫째 동그라미는 인간의 창조 이전에 존재하던 과거의 **"천사의 나라"**, 둘째 동그라미는 현존하는 **"아담(인간)의 나라"**, 그리고 셋째 동그라미는 앞으로 구원받은 성도들이 갈 영원한 **"메시아의 나라"**입니다. 하나님은 인간의 세상이 창조되기 이전에 영의 세계를 창조하셨고, 그 이후에 현재 우리가 살고 있는 인간의 세계를 창조하시고, 앞으로 믿는 성도들이 갈 영원한 메시아의 세계를 이루실 겁니다.

우리가 살고 있는 이 땅에서도 국가는 대통령을 중심으로, 교회는 목사님을 중심으로, 가정은 가장을 중심으로 돌아가는 질서가 있듯이, 이 같은 질서의 개념은 인간의 세상 이전부터 존재하고 있었습니다. **"첫째 세상인 천사의 나라는 천사를 중심으로", "둘째 세상인 아담의 나라는 아담을 중심으로", "셋째 세상인 메시아의 나라는 메시아를 중심으로"** 돌아갑니다.

성경에 등장하는 수많은 사건, 전쟁, 이야기 등은 전부 천사의 나라에서 타락한 사탄의 선악과 유혹으로 사탄의 나라가 되어버린 아담의 나라에 예수님이 오셔서, 십자가에서 죽으시고 부활

승천하여 사탄을 이기고, 구원받은 성도를 메시아의 나라로 데려가는 내용입니다. 왜 예수님이 이 땅에 오셨는가? 무엇을 하셨는가? 앞으로 무엇을 하실 것인가? 이것을 설명하기 위해 성경이 기록된 겁니다.

성경을 보면, 세 가지 동그라미 중에서 가운데에 있는 아담의 나라가 90%, 영의 나라와 메시아의 나라는 각각 5%의 비율을 차지하고 있습니다. 성경이 아담의 나라에 가장 많은 비중을 두는 이유는 아담의 나라가 가장 월등해서가 아니라, 성도가 원수 사탄을 이기고 메시아의 나라에서 이기는 자가 되기 위해 살아내야 할 중요한 내용들을 기록했기 때문입니다.

성경 전체를 일독하지 못해도 이 세 가지 동그라미만 제대로 안다면 성경을 일독하는 효과를 얻을 수 있습니다. 반면에 세 가지 동그라미의 의미를 알지 못하면 아무리 성경을 많이 읽어도 성경을 제대로 알 수 없습니다.

아이, 청년, 아비의 신앙

사탄을 아는 사람만이 사탄을 이길 수 있습니다. 사탄이 어디에서 왔으며 어떻게 타락했는지 아는 사람만이 사탄을 이길 수 있습니다. 만유회복의 말씀을 모르는 사람은 절대 사탄을 이길 수 없습니다. 만유회복의 말씀을 통해 사탄의 정체를 분명히 아는 사람만이 사탄을 이길 수 있습니다.

사람들은 일반적으로 '아이', '청년', '아비'를 육체의 나이로 생각합니다. 하지만 영적 세계의 나이는 육체의 기준으로 말하지 않습니다. 요한일서 2장 14절을 읽어봅시다.

"아이들아 내가 너희에게 쓴 것은 너희가 아버지를 알았음이요 아비들아 내가 너희에게 쓴 것은 너희가 태초부터 계신 이를 알았음이요 청년들아 내가 너희에게 쓴 것은 너희가 강하고 하나님의 말씀이 너희 속에 거하시고 너희가 흉악한 자를 이기었음이라"(요일 2:14).

하나님이 사도 요한을 통하여 우리를 부를 때 "아이들아"라고 불렀습니다. 그리고 우리를 "청년들아," "아비들아"라고도 불렀습니다. 신앙의 세계도 이렇게 나누어질 수 있습니다. 아이란 무엇일까요?

"아이들아 내가 너희에게 이것을 쓴 것은 너희가 아버지를 알았음이요"(요일 2:14).

여기서 아버지를 알았다는 것은 '예수 그리스도의 이름으로 죄를 용서받았다'라는 겁니다. 그리스도의 이름으로 죄를 용서받는 원리를 아는 사람을 아이의 신앙이라고 그럽니다. 기초적인 신앙입니다. 사도 요한은 청년들에게는 '흉악한 자를 이겼다'라고 합니다. 마귀를 이기는 원리를 아는 사람이 청년의 신앙을 가지고 있는 겁니다. 아비들은 '태초부터 계신 자를 알았다'라고 합니다. 아버지의 신앙을 가진 자들, 신앙이 깊은 사람은 태초부터 계신 자를 알았다는 겁니다. 주님의 마음을 아는 자들이 아버지의 신앙을 가지는 겁니다.

청년의 신앙은 사탄 마귀를 이기는 신앙입니다. 사탄이 하나님에 대하여 어떤 죄를 지어서 내쫓김을 당했는지, 사탄이 어떻게 사람에게 다가와서 동일한 죄를 짓게 했는지에 대해 분명히 알 때, 사탄의 속임수에 넘어가지 않고 죄에서 자유할 수 있습니다.

하지만 사탄의 전술은 사람들로 하여금 '사탄은 없어'라고 착각하게 만듭니다. 만유회복의 말씀을 통해 사탄의 정체를 분명하게 알지 못하는 사람은 절대로 사탄을 이길 수 없습니다. 반면에 만유회복의 말씀 위에 올바르게 서 있는 사람은 원수 마귀를 이기고 죽어서 천국에 가는 것뿐만 아니라, 만유가 다시 손 안으로 돌아오게 됩니다. 이것을 가리켜 **"만유회복"**이라고 합니다. 이렇듯 **"만유회복은 모든 지식의 근본"**입니다. 만유회복은 지식의 핵심이며, 만유회복을 알지 못하면 성경의 가치만 모를 뿐만 아니라 인간 스스로의 가치도 모르면서 인생을 살아가게 되기 때문입니다.

우리가 깊이 생각할 것이 있습니다. 하나님이 사람들을 통하여 영광을 받고 난 뒤에 영광의 대가로 축복을 주시고 살려주는 것이 아닙니다. 우리가 축복의 원리를 알아야 하는데, 인간은 하나님을 향할 때만 큰 행복이 오게 되어 있습니다. 그 축복의 원리가 바로 만유회복입니다.

02

/

첫째 세상 : 천사의 나라
천사의 창조

시편 103장 19-20절

[19]여호와께서 그 보좌를 하늘에 세우시고 그 정권으로 만유를 통치하시도다 [20]능력이 있어 여호와의 말씀을 이루며 소리를 듣는 너희 천사여 여호와를 송축하라

시간을 3개로 나누면, 과거, 현재, 미래로 말할 수 있습니다. 지금의 시간을 현재라고 합니다. 앞으로 다가올 기간은 미래입니다. 지나간 시간은 과거입니다. 지나간 시간을 돌아가 보면, 영원한 과거가 나옵니다. 그 영원한 과거를 성경에서는 '태초'라고 했습니다. 영원한 과거인 "태초에" 계신 이가 있었는데, 그분은 태초에 있었던 모든 것을 알았고, 그때 그 자리에 존재했던 분이 하

나님입니다. 이 모든 걸 아비의 신앙을 가진 사람들은 알고 있다는 겁니다. 할렐루야.

하나님이 증언해 주신 것에 의하면, 태초에는 아무 것도 없었습니다. 해와 달, 별은 물론 하늘과 바다도 없었습니다. 심지어 공기도 없었습니다. 정말 아무 것도 없는 무(無)의 상태였습니다. 아무 것도 없을 때 삼위일체 하나님만 계셨습니다. "성부 하나님, 성자 하나님, 성령 하나님"만이 계셨습니다. 이때가 영원한 과거인 태초입니다. 삼위일체 하나님은 자존하시고, 스스로 계신 분이십니다. 자위하시고, 자족하시고, 영원하시고, 불편하신 분이십니다. 할렐루야!

천사의 창조

창세기 1장 1절을 읽어봅시다.

"태초에 하나님이 천지를 창조하시니라"(창 1:1).

이 세상의 모든 것들은 하나님 빼고 나머지는 다 피조물입니다. 하늘에 있는 천사들도 피조물입니다. 하나님이 창조하셨습니다. **"첫째 세상은 천사를 중심으로", "둘째 세상은 아담을 중심으로", "셋째 세상은 메시아를 중심으로"** 창조하셨습니다.

창세기 1장 1-2절을 읽어봅시다.

"태초에 하나님이 천지를 창조하시니라 땅이 혼돈하고 공허하며 흑암이 깊음위에 있고 하나님의 신은 수면에 운행하시니라"(창 1:1-2).

"태초에." 아무 것도 없는 태초에 성삼위일체이신 성부, 성자, 성령 하나님이 계셨습니다. 태초에 하나님은 창조 행위를 시작했습니다. 그런데 우리가 알고 있는 이 세상이 첫 창조 행위가 아니었습니다. 먼저 만든 것은 영적 세계입니다. 그 중심은 바로 천사입니다. 하나님이 천사를 만들었습니다. 에스겔 28잘 14절을 읽어봅시다.

"너는 기름 부음을 받은 덮는 그룹임이여 내가 너를 세우매 네가 하나님의 성산에 있어서 화광석 사이에 왕래하였었도다"(겔 28:14).

하나님의 성산인 에덴동산이 있었고, 천사가 화광석 사이에 왕래했다고 했습니다. 하나님이 처음 창조하신 것은 인간의 세상이 아니라 천사들을 중심으로 한 영적 세계였습니다. 욥기 38장 7절을 봅시다.

"그 때에 새벽 별들이 함께 노래하며 하나님의 아들들이 다 기쁘게 소리하였었느니라"(욥 38:7).

욥기의 성경구절을 보면, 하나님이 땅의 기초를 놓으실 때 하나님의 아들들이 기뻐했다고 기록하고 있습니다. 하나님의 아들들은 천사들의 무리를 일컫는 표현입니다. 그 뜻은 하나님이 인간의 세상을 창조하시기 이전에 천사들의 영적 세계가 존재했다는 겁니다.

시편 103편 21-22절을 읽어봅시다.

"여호와를 봉사하여 그 뜻을 행하는 너희 모든 천군이여 여호와를 송축하라 여호와의 지으심을 받고 그 다스리시는 모든 곳에 있는 너희여 여호와를 송축하라 내 영혼아 여호와를 송축하라"(시 103:21-22).

22절에 보면, 여호와의 지으심을 받았다고 되어 있습니다. 그러니까 천사도 하나님이 만든 피조물이라는 겁니다.

여러분, 영의 세계라는 걸 아십니까? 이 땅에 있는 모든 물질 중에 딱딱한 물질을 고체라고 합니다. 고체보다 부드러운 게 액체입니다. 물을 예로 들면, 얼음은 고체, 물은 액체입니다. 액체보다 더 부드러운 게 기체입니다. 물이 수증기가 된 걸 말합니다. 기체는 공기입니다. 같은 물이지만, 고체, 액체, 기체로 변합니다. 원소가 풀어지면서 그 형태가 달라진다는 겁니다. 그런데 기체보다 더 예민한 게 있는데, 바로 빛입니다.

빛도 물질입니다. 빛도 그 종류가 엄청나게 많습니다. 빛의 단계가 있는데, 전등 같은 빛입니다. 이런 빛은 건물 같은 걸 못 뚫습니다. 그런데 아주 고농도의 빛인 초음파 빛은 살을 뚫고 들어갑니다. 그런 빛이 엑스레이나 초음파, MRI 같은 겁니다. 이 빛은 살 속으로 들어가서 우리 몸 속의 뼈와 장기들이 어떤 상태인지 보여줍니다. 이게 하나님이 만들어 놓은 소자들이란 말입니다. 다 물질이란 말입니다.

그런데, 빛을 가공한다는 얘기를 들어봤습니까? 모를 겁니다. 울산에 가면 광속기라는 게 있는데, 세계에서 3개밖에 없는 거랍니다. 체육관처럼 동그랗게 지어놨는데, 빛을 출발시켜서 빛을 뱅글뱅글 돌려서 가속도를 붙여 빛의 속도가 빨라지게 한답니다. 그곳에 출구가 있는데, 중간에 그 빛을 꺼내서 쓴다고 합니다. 많은 기업체들이 그 빛을 가지고 다이아 같은 단단한 물질을 자르는데 사용한다고 합니다. 그리고 화장품에 들어가는 물질도 잘게 자른다고 합니다. 요즘 레이저로 수술도 한다고 하는데, 레이저도 빛이라고 할 수 있습니다.

빛 이야기를 왜 하느냐? 하나님의 나라는 다 빛으로 돼 있습니다. 모든 게 빛의 세상입니다. 그러니까 지금부터 50년 전까지만 해도 하나님의 치료의 광선을 이해하지 못했습니다. 치료의 광선이 바로 빛입니다. 현대 의학이 발달해서 빛인 레이저로 암세포를 죽이자 치료해주는 빛이라는 걸 이해하게 된 겁니다. 이 빛이라는 게 참 신기합니다. 이 빛이 과학이 발달하면서, 계속 발전하고 있습니다. 하지만 인간이 발전시키는 이 빛이 천국에 있는 **"영의 빛"**에 도달할 수는 없습니다. 하나님의 빛으로 치료해주는 빛은 인간의 상상을 초월합니다. 인간의 빛의 영역과 하나님 나라의 빛의 영역은 비교 대상이 아닙니다. "하나님의 영의 세계"를 인간이 만들 수 있는 영역이 아니라는 겁니다.

하나님께서 이 세상을 창조하시고, 인간들을 향해서 "네 맘대로 살아라" 하고 말씀하시면서 따로 떼어준 게 아닙니다. 하나님은 이 세상을 **"창조하시고, 보존하시고, 운행하시고"** 있는 겁니다. 여기서 보존할 때는 하나님이 천사들을 통하여 전부 배당을 잘해서 모든 피조물에는 천사들이 달라붙어있는 겁니다.

만물의 원소분해

하나님이 어느 날이 되면 원소를 분해시킵니다. 원소를 분해하면 어떤 일이 일어날까요? 베드로후서 3장 10절을 읽어봅시다.

"그러나 주의 날이 도적 같이 오리니 그 날에는 하늘이 큰 소리로 떠나가고 체질이 뜨거운 불에 풀어지고 땅과 그 중에 있는 모든 일이 드러나리로다"(벧후 3:10).

체질이 뜨거운 불에 모든 원소들이 풀어진다는 겁니다. 주님이 재림하시는 날, 모든 피조물의 원소를 하나님이 체질을 풀어지게 하신다는 겁니다. 이게 원어인 헬라어로 보면, 화학적인 원소분해입니다. 하나님이 창조하시기 전의 상태로 쫙 풀어버린다는 겁니다. 그러면 인간도 원소분해가 되어 다 풀어져 버립니다.

우리가 성경을 읽다가 무슨 과학적으로 이해가 되지 않는 것은 믿지 못한다고 합니다. 그런데 우리가 이해가 되지 않는다고 믿지 않는다는 것은 있을 수 없는 일입니다. 왜냐하면 우리 인간이 아무리 과학적으로 발전한다고 해도 하나님의 세계를 이해할 수 없기 때문입니다. 우리는 하나님의 말씀인 성경을 믿어야 합니다. 다시 한 번 말씀드리면, 50년 전까지만 해도 빛이 사람의 병을 고친다는 말을 믿었습니까? 이해를 했습니까? 근데 지금은 인간이 만든 빛도 사람의 병을 고칩니다. 직접 눈으로 보고 믿는 겁니다. 하늘나라의 빛이 사람한테 한번 내려온다고 생각해 봅시다. 하늘의 빛은 영의 빛입니다. 우리 인간의 눈으로 보는 물질의 빛보다 훨씬 뛰어난 영의 빛입니다. 영의 빛에 한번 쫙 비춰버리면 암이 그냥 녹아버리는 겁니다. 이걸 체험한 사람들이 1~2명이 아닙니다. 수없이 많은 사람들이 하나님의 빛의 역사를 체험했습니다. **"하늘나라 영의 빛."**

천사를 창조하신 목적

하나님이 만물을 창조하시고 창조하신 피조세계를 그냥 두셨다면 우주 만물은 무너질 수밖에 없습니다. 창조의 자연 원리를 하나님이 붙잡고 있지 않으시면 이 세상은 존재할 수 없습니다. 고대 사람들은 햇빛이 비추면 가만히 있는 꽃이 활짝 피는 등 만물의 신비함을 보고 물질을 초월하는 신적인 요소가 있었음을 느꼈습니다. 그래서 이들은 나무귀신, 꽃귀신, 풀귀신 등 만물의 모든 곳에 귀신이 있다고 생각하기도 했습니다.

하지만 성경은 이 모든 만물을 귀신이 아닌 하나님이 천사들을 통해서 붙잡고 있다고 말하고 있습니다(시 103:19-22). 하나님은 천지만물을 창조하신 후, 모든 만물을 보존하시고 운행하실 때 천사들을 통하여 일해 오셨습니다. 천사들은 스스로 있는 것이 아니라 여호와의 지으심을 받은 창조물입니다. 사람의 눈에는 보이지 않지만, 천사들은 온 우주에 꽉 차 있습니다. 하나님으로부터 지으심을 받은 천사는 하나님이 말씀으로 다스리는 모든 곳에서 우주만물을 붙잡고 있습니다. 하나님의 기운을 통해서 천사들은 각기 담당분야에 따라서 만유를 붙잡고 있는 겁니다. 한 가지 예시로, 사람이 밥을 먹기 때문에 건강한 것이 아니라, 천사를 통해서 하나님의 기운을 받고 있기 때문에 건강한 겁니다. 하나님의 손이 천사들을 통하여 자연의 원리를 붙잡고 있지 않으시면 모든 것은 무너지게 돼 있습니다.

성경은 하나님이 천사를 창조하신 3가지 이유를 설명합니다. 첫째, 모든 천사는 하나님을 찬양하도록 지음 받았습니다(시 103:19-20). 둘째, 모든 천사는 하나님이 부리는 영, 하나님의 수종드는 자로 지음 받았습니다(단 7:10). 셋째, 모든 천사는 구원받은 상속자들을 섬기기 위해 지음 받았습니다(히 1:14, 계 8:4).

다니엘 7장 10절을 읽어봅시다.

"불이 강처럼 흘러 그 앞에서 나오며 그에게 수종하는 자는 천천이요 그 앞에 시위한 자는 만만이며 심판을 베푸는데 책들이 펴 놓였더라"(단 7:10).

히브리서 1장 14절도 읽어봅시다.

"모든 천사들은 부리는 영으로서 구원 얻을 후사들을 위하여 섬기라고 보내심이 아니뇨"(히 1:14).

"모든 천사들은" 하나님이 부리는 종입니다. 수종하는 자입니다. 하나님이 이 천사를 구원 얻을 후사들을 위하여 섬기라고 보내심이라고 했습니다. 하나님은 스스로 계신 분이시지만, 천사는 스스로 있는 게 아닙니다. 천사가 사람보다 먼저 있었던 건 사실이지만, 스스로 있는 존재가 아닙니다. 하나님이 창조한 피조물입니다.

이때, 우리가 천사론에 대해 주의해야 할 점이 있습니다. 한국 교회 김기동 목사의 베뢰아 교리는 천사론에 대하여 한두 가지 실수한 것 때문에 한기총(한국기독교총연합회, CCK)에 의해 이단취급을 받았습니다. 설교나 안수를 하는 도중에 '예수의 이름으로 천사야, 저 사람의 병을 고쳐!' 또는 '천사는 내가 시키는 대로 합니다' 같은 말을 해서 문제가 되었던 겁니다. 모든 천사는 하나님의 부리는(섬기는) 영(히 1:14)이라는 말씀에 근거하여 사람도 천사를 부려 먹을 수 있다는 겁니다. 이것은 큰 착각입니다.

히브리서 1장의 '부리는 영'의 주체는 사람이 아니라 하나님입니다. 하나님이 천사를 부리신다는 겁니다. 성경을 보면, 천사들은 항상 하나님의 얼굴을 보고 있다고 말합니다(마 18:10). 이들은 하나님의 말씀이 떨어지기를 기다리고 있는 겁니다. 따라서 사람은 하나님의 자녀이고, 천사는 하나님이 부리는 종입니다. 비유적으로, 주인의 아들이 지위적으로 높을지라도 그가 성인이 되기까지는 자신을 몽학선생처럼 길러주는 종의 권위를 인정해야 합니다. 이같이 사람은 천사를 마음대로 부릴 수 없습니다. 천사를 향하여 명령할 권리가 없습니다. 그렇다면 어떻게 천사를 움직일 수 있을까요?

오직 하나님을 통해서 천사의 도움을 받을 수 있습니다. '주님, 천사를 많이 보내주셔서 저를 도와주세요'라고 하나님에게 기도하는 겁니다. 하지만 하나님을 빼 버리고 '천사야, 나를 도와라'라는 명령은 성립될 수 없습니다. 여러분도 이것을 기억하고 천사론에 대해 그 어떤 오해도 없으시기를 바랍니다.

시편 103편 19-20절을 읽어봅시다.

"여호와께서 그 보좌를 하늘에 세우시고 그 정권으로 만유를 통치하시도다 능력이 있어 여호와의 말씀을 이루며 그 말씀의 소리를 듣는 너희 천사여 여호와를 송축하라"(시 103:19-20).

여기 보면, 모든 천사는 여호와를 송축하라고 되어 있습니다. 그리고 천사에게는 능력이 있다고 합니다. 천사하고 사람하고는 게임이 안 됩니다. 인간 100만 명이 붙어도 천사 하나를 못 이깁니다. 구약성경에 보면 히스기야 시대 때의 앗수르 군대 18만 명이 천사 하나를 못 이겼습니다. 천사 하나가 날개를 딱 펴서 날개 하나 가지고 툭 치면 10만 명, 20만 명이 그냥 쓰러져 버린 겁니다. 인간과 천사하고는 본질적으로 능력의 차이가 있습니다. 근데 이 천사의 능력은 하나님이 주신 겁니다. 그 능력이 있어 여호와의 말씀을 이루는 겁니다. 시편 103편 21절을 읽어봅시다.

"여호와를 봉사하여 그 뜻을 행하는 너희 모든 천군이여 여호와를 송축하라"(시 103:21).

천사가 여호와를 봉사한다고 합니다. 앞에서 이야기한 수종을 든다는 말입니다. 그리고 모든 천군이여 여호와를 송축하라고 말합니다. 계속해서 22절을 읽어봅시다.

"여호와의 지으심을 받고 그 다스리시는 모든 곳에 있는 너희여 여호와를 송축하라 내 영혼아 여호와를 송축하라"(시 103:22).

여기에 중요한 의미가 있습니다. **"여호와의 지으심을 받았다"**는 겁니다. 천사들은 스스로 있는 것이 아니라 여호와의 지으심을 받은 겁니다. 천사는 창조물입니다. 지으심을 받고 하나님의 통치 아래에 있는 겁니다. 이 세상을 창조하신 분은 하나님이십니다. 그리고 창조하신 피조물을 그냥 내버려 두시지 않았습니다. 모든 창조물을 하나님의 통치 아래 두셨습니다.

(기도)

"영적 세계인 천사의 나라를 창조하신 하나님, 우리가 영적 세상을 바라볼 수 있는 눈을 허락하옵소서. 영의 눈으로 하나님을 바라보게 하시고, 믿음으로 이 영의 세상을 믿게 하옵소서. 첫째 세상인 천사의 나라를 창조하셨다는 것을 믿습니다. 예수님의 이름으로 기도하옵나이다. 아멘."

03

/

첫째 세상 : 천사의 나라
천사의 타락

이사야 14장 12-14절

^{12}너 아침의 아들 계명성이여 어찌 그리 하늘에서 떨어졌으며 너 열국을 엎은 자여 어찌 그리 땅에 찍혔는고 ^{13}네가 네 마음에 이르기를 내가 하늘에 올라 하나님의 뭇별 위에 나의 보좌를 높이리라 내가 북극 집회의 산 위에 좌정하리라 ^{14}가장 높은 구름에 올라 지극히 높은 자와 비기리라 하도다

"첫째 세상인 천사의 나라는 천사를 중심으로", "둘째 세상인 아담의 나라는 아담을 중심으로", "셋째 세상인 메시아의 나라는 메시아를 중심으로" 돌아갑니다.

"**영적 세계**"는 하나님의 영의 세계입니다. 영의 세계 중심은 다 천사들입니다. 하나님이 이러한 영적 세계를 창조하셨습니다. 천사는 스스로 존재하지 않습니다. 하나님이 창조하신 존재입니다. 그 수는 천천이요 만만입니다. 수도 없이 많다는 겁니다. 모든 천사들이 하나님 말씀을 순종하여 만물을 붙잡기도 하고, 하나님의 심부름꾼으로서 활동합니다. 이 천사들에 조직이 있는데, 천사장이 있습니다. 천사의 우두머리가 있다는 겁니다. 군대 가면 소대장, 대대장, 중대장, 사단장이 있는 것처럼 천사들이 이렇게 조직체로 되어 있다는 말입니다.

대표적인 천사들

하나님이 창조하신 천사들 중에 인간의 구원사와 함께 나타난 몇 가지 대표 천사가 있습니다. 첫 번째가 "**미가엘**"입니다. 두 번째가 "**가브리엘**"입니다. 미가엘은 악령과 더불어 싸우는 천사입니다. 성경의 다니엘서와 여호수아서를 보면, 미가엘 천사의 명칭은 하나님의 군대장관입니다. 미가엘은 악령과 싸우는 하나님의 전문적인 총사령관입니다. 미가엘이 전쟁을 하기 위해 출동할 때, 혼자서 출동하는 것이 아닙니다. 미가엘은 천사들의 총지휘자이기 때문에 그가 출동하면 그 뒤에 천사들이 따르는데, 그 수가 천천이요 만만입니다.

다니엘 12장 1절을 읽어봅시다.

"그 때에 네 민족을 호위하는 대군 미가엘이 일어날 것이요 또 환난이 있으리니 이는 개국 이래로 그 때까지 없던 환난일 것이며 그 때에 네 백성 중 무릇 책에 기록된 모든 자가 구원을 얻을 것이라"(단 12:1).

7년 대환란 때 미가엘이 동원된다는 겁니다. 다니엘 10장 13절을 읽어봅시다.

"그런데 바사 국군이 이십 일일 동안 나를 막았으므로 내가 거기 바사국 왕들과 함께 머물러 있더니 군장 중 하나 미가엘이 와서 나를 도와주므로"(단 10:13).

성경을 하나 더 읽어봅시다. 요한계시록 12장 7-8절입니다.

"하늘에 전쟁이 있으니 미가엘과 그의 사자들이 용으로 더불어 싸울쌔 용과 그의 사자들도 싸우나 이기지 못하여 다시 하늘에서 저희의 있을 곳을 얻지 못한지라"(계 12:7-8).

여기를 보면, 하늘에 전쟁이 있으니 미가엘과 그의 사자들이 용으로 더불어 싸운다고 말합니다. 용과 그의 사자들도 싸운다고 말합니다. 미가엘은 악령과 싸우는 천사입니다.

그 다음 천사는 가브리엘입니다. 천사 가브리엘은 미가엘 천사하고 전혀 기능이 다릅니다. 가브리엘은 하나님과 사람 사이를 다니면서 소식을 전하는 연락병입니다. 누가복음 1장 26절을 읽어봅시다.

"여섯째 달에 천사 가브리엘이 하나님의 보내심을 받들어 갈릴리 나사렛이란 동네에 가서"(눅 1:26).

가브리엘은 예수님이 태어날 때 마리아와 요셉에게 나타난 천사입니다. 구약시대에 다니엘에게도 나타난 천사입니다. 가브리엘은 사람과 하나님 사이를 왕래하면서 소식을 전한 천사입니다. 세계 역사의 중요한 사건이 있을 때 2명의 천사가 나타났습니다. 하나님이 미가엘과 가브리엘을 우리에게 보내주셨습니다.

그 다음에 '그룹'이라는 천사 있고, '스랍'이란 천사도 있는데, 이 천사들은 하나님의 보좌를 수종드는 천사입니다. 하나님의 보좌를 떠나지 않고 하나님의 보좌 안에서 일하는 천사입니다. 각 나라의 정부를 보면, 바깥에서 일하는 장관 같은 역할을 미가엘과 가브리엘이 하고, 안에서 일하는 비서관과 같은 일을 그룹과 스랍이 하는 겁니다. 천사의 수가 어마어마했습니다. 천사의 숫자가 얼마나 많은지 다니엘서 7장 9-10절을 읽어봅시다.

"내가 보았는데 왕좌가 놓이고 옛적부터 항상 계신이가 좌정하셨는데 그 옷은 희기가 눈 같고 그 머리털은 깨끗한 양의 털 같고 그 보좌는 불꽃이요 그 바퀴는 붙는 불이며 불이 강처럼 흘러 그 앞에서 나오며 그에게 수종하는 자는 천천이요 그 앞에 시위한 자는 만만이며 심판을 베푸는데 책들이 펴 놓였더라"(단 7:9-10).

다니엘이 하나님의 보좌를 봤는데, 천사들의 움직임이 꼭 불이 강같이 흘러나와 그 앞에서 나오는데 천사의 수가 천천이요 만만이라고 했습니다. **"천천이요 만만이요."** 천천이요 만만이라는 것은 이스라엘 사람들이 이루 셀 수 없는 숫자를 말할 때 쓰는 말입니다. 할렐루야.

히브리서 12장 21-22절을 읽어봅시다.

"그 보이는 바가 이렇듯이 무섭기로 모세도 이르되 내가 심히 두렵고 떨린다 하였으나 그러나 너희가 이른 곳은 시온산과 살아계신 하나님의 도성인 하늘의 예루살렘과 천만 천사와"(히 12:21-22).

여기 보면, '천만 천사'라고 되어 있습니다. 천사의 수가 천만이라는 것은 숫자를 말하는 것이 아니라 셀 수 없이 많다는 걸 말합니다.

천사장 루시엘

우리가 잊지 말아야 할 천사가 있는데, **"루시엘"**입니다. 루시엘은 하나님이 만들 때부터 특이하게 만들었습니다. 성경을 쭉 더듬어 보면 틀림없습니다. 루시엘은 모든 천사의 대표였습니다. 다시 말해서 하나님이 "천사의 나라"를 만들 때 그 중심에 루시엘을 대표로 세웠습니다. 하나님이 첫 번째 세상인 천사의 나라를 만들 때 중심으로 세우는 것이 루시엘입니다. 루시엘을 중심으로 세운 천사의 나라는 영적 세계입니다. 할렐루야.

성경을 보면, 루시엘 천사가 지어질 때에 하나님이 대접을 잘해 줬습니다. 에스겔 28장 12절을 봅시다.

"인자야 두로 왕을 위하여 애가를 지어 그에게 이르기를 주 여호와의 말씀에 너는 완전한 인이었고 지혜가 충족하며 온전히 아름다왔도다"(겔 28:12).

여기에 보면, '두로 왕'은 루시엘의 별명입니다. 에스겔 시대에 두로라는 도시가 하나 있었는데, 두로 왕이 마귀처럼 생긴 겁니다. 그래서 하나님이 루시엘을 부를 때, 빗대어 가지고 두로 왕이라 그랬습니다. 이 땅에 있는 두로 왕을 말하는 게 아니라, 마귀를 향하여 하나님이 빗대어서 말하는 말입니다. 그러니까 하나님이 루시엘을 만들 때 완전하게 만들었습니다. 그리고 지혜가 충족하며 온전히 아름답게 만들었습니다.

그런데 천사 루시엘이 타락해서 마귀가 됐습니다. 타락한 이후에도 이 지혜를 그대로 가지고 있었습니다. 예수님이 지혜에 대해서 말할 때 뱀처럼 지혜로워야 된다고 했는데, 루시엘이 마귀가 된 이후에도 계속 지혜를 가지고 있었다는 것을 알 수 있습니다. 루시엘은 하나님의 주신 지혜를 악으로 사용했습니다. 에스겔 28장 13절을 보면, 루시엘에게 지혜만 준 것이 아닙니다.

"네가 옛적에 하나님의 동산 에덴에 있어서 각종 보석 곧 홍보석과 황보석과 금강석과 황옥과 홍마노와 창옥과 청보석과 남보석과 홍옥과 황금으로 단장하였었음이여 네가 지음을 받던 날에 너를 위하여 소고와 비파가 예비되었었도다"(겔 28:13).

에덴동산을 선물을 줬다는 겁니다. '에덴동산'을 생각하면, 우리는 아담과 하와를 먼저 생각하는데, 하나님은 먼저 천사 루시엘에게 에덴동산을 줬다는 겁니다. 이렇게 하나님께서 천사의 나라에 극도의 대접을 해주신 겁니다. '완전하게', '지혜롭게', '아름답게' 천사의 나라를 세워주신 겁니다. 에덴동산, 그리고 오만 보석을 다 준 겁니다. 거기에 소고와 비파를 준비했다고 했습니다. 이건 하나님이 루시엘을 지어질 때 하나님이 잔치를 베풀었다는 겁니다. 계속해서 14절을 읽어봅시다.

"너는 기름 부음을 받은 덮는 그룹임이여 내가 너를 세우매 네가 하나님의 성산에 있어서 화광석 사이에 왕래하였었도다"(겔 28:14).

너는 기름부음을 받은 덮는 그룹이라는 것은 루시엘을 수장으로 삼았다는 겁니다. 천사의 왕이라는 겁니다. 기름을 부었다는 것은 천사의 조직 세계에 대장이라는 겁니다. **"완전하게", "지혜롭게", "아름답게", "에덴동산", "잔치", "기름부음".**

하나님은 첫 번째로 세운 천사의 나라에 루시엘을 창조하시고, 기름 부으시고, 천사의 왕으로 세워서 천하만국을 다스리게 하셨습니다. 루시엘은 하나님으로부터 가장 존귀한 대우를 받았던 천사였습니다. 마치 바로가 요셉에게 애굽 전체를 위임할 때 '너보다 높은 것은 내 왕좌뿐이니라'(창 41:40)라고 말한 것과 아하수에로 왕이 에스더 왕후에게 '그대의 소원이 무엇이며 요구가 무엇이냐 나라의 절반이라도 그대에게 주겠노라'(에 5:3)라고 말한 것과 동일합니다. 이것은 하나님이 누군가를 위임하실 때 어떤 마음으로 직무를 맡기시는지 보여주고 있습니다.

하나님은 루시엘에게 하나님을 제외한 천하만국을 다 주었습니다. 하나님 빼고 전부 다 주었습니다. 하나님이 루시엘에게 말했습니다. "이제 모든 존재물은 네가 생기기 전에는 아무것도 없었어. 그러니까 모든 것은 이제 너 맘대로 하고 나는 그냥 너보다 높은 건 이름뿐이니라." 이렇게 하나님이 루시엘 천사를 극도로 대접을 해줬으면 루시엘 천사가 하나님의 은혜에 감사해야 되는 것이 마땅하지 않겠습니까? 그런데 루시엘은 감사하지 않았습니다.

루시엘의 반란

하나님이 루시엘에게 하나님의 보좌를 제외한 천하만국을 주셨다면, 루시엘은 너무 감사해서 더 열심히 하나님 한 분만을 섬기며 하나님에게 영광과 경배를 돌려야 했습니다. 하지만 루시엘은 자신이 하는 일이 많고 지위가 높음으로 교만하여 하나님의 보좌를 빼앗으려는 욕심을 품습니다. 결국 루시엘은 반란을 일으킵니다. 하나님의 자리보다 더 높이 올라가서 자신의 보좌를 세우려다가 타락의 길로 떨어져서 루시퍼(사탄)로 타락하게 됩니다. 교회 안에서도 맡은 일이 많아지면 나에게 능력이 있다고 교만해질 수 있습니다. 그러므로 누구든지 서 있는 줄로 생각하거든 넘어질까 조심해야 합니다(고전 10:12).

이사야 14장 12-14절을 읽어봅시다.

"너 아침의 아들 계명성이여 어찌 그리 하늘에서 떨어졌으며 너 열국을 엎은 자여 어찌 그리 땅에 찍혔는고 네가 네 마음에 이르기를 내가 하늘에 올라 하나님의 뭇별 위에 나의 보좌를 높이리라 내가 북극 집회의 산 위에 좌정하리라 가장 높은 구름에 올라 지극히 높은 자와 비기리라 하도다"(사 14:12-14).

'아침의 아들 계명성'은 루시엘의 또 다른 별명입니다. 아침의 아들 계명성이 지극히 높은 자, 즉 자기를 창조해 주신 하나님과 비기리라는 겁니다. **"가장 높은 구름에 올라 지극히 높은 자와 비기리라."** 이건 루시엘이 하나님의 자리 위에 올라가서 하나님을 밀어내고 자기의 보좌를 하나님의 보좌 위에 세우겠다는 겁니다. 루시엘이 타락하여 하나님을 향하여 반란을 일으킵니다. **"루시엘의 반역"**입니다. 이게 하나님의 창조의 질서에서 일어나는 악의 출발입니다. 모든 악의 근원입니다. 모든 비극의 출발점이 하나님의 보좌에 올라 하나님과 비기리라는 마음에서 시작되는 겁니다. 하나님의 보좌에 올라 하나님을 보좌에서 밀어내고 자기가 하나님의 자리에 올라가려는 마음입니다. 이게 모든 악의 출발입니다. 성경은 이 부분에 대해서 자세히 말하고 있습니다. 우리는 절대로 루시엘처럼 되면 안 됩니다.

하나님이 타락하여 반란한 루시엘을 완전히 심판합니다. 이렇게 루시엘은 마귀가 됩니다. 하나님이 모든 죄는 다 용서하지만, 용서하지 않는 죄가 하나 있습니다. 바로 루시엘의 죄에 참여하는 겁니다. 루시엘의 죄는 하나님을 반역하는 겁니다. **"반역."**

베드로후서 2장 4절을 읽어봅시다.

"하나님이 범죄한 천사들을 용서치 아니하시고 지옥에 던져 어두운 구덩이에 두어 심판때까지 지키게 하셨으며"(벧후 2:4).

베드로후서에서 천사가 범죄했다고 합니다. 범죄한 천사를 하나님이 용서하지 아니하시고 지옥에 던지신다고 말합니다. 지옥에 가는 사람은 예수를 믿지 않고 죄의 문제를 해결하지 않는 사람입니다. 그리고 또 하나는 범죄한 천사들이 지옥을 갑니다. 유다서 1장 6절을 봅시다.

"또 자기 지위를 지키지 아니하고 자기 처소를 떠난 천사들을 큰 날의 심판까지 영원한 결박으로 흑암에 가두셨으며"(유 1:6).

유다서를 보면, 자기 지위를 지키지 아니하고 떠난 천사들을 큰 날의 심판까지 영원한 결박으로 흑암에 가두신다고 말씀합니다. 여기서 말하는 흑암이 지옥입니다. 천사들의 타락으로 지옥에 갇힌 겁니다.

루시엘의 모형

성경에 하나님이 베푸신 은혜를 감사하지 않고 반역한 인물이 있는데, 사울입니다. 사울이 루시엘의 죄의 첫째 모형입니다. 사울과 다윗을 비교해서 보면, 다윗의 죄가 사울의 죄보다 훨씬 크게 보입니다. 다윗은 자신의 충성스러운 우리아를 죽였습니다. 그의 아내도 뺐었습니다. 완전 죽일 놈입니다. 그런데 사울을 보면, 큰 죄를 지은 게 없습니다. 전쟁을 하기 전에 제사를 드려야 하는데, 제사장인 사무엘이 오지 않았습니다. 전쟁에 나가야 하는 시간이 촉박해서 사울이 대신 제사를 드렸습니다. 아말렉과의 전쟁에서는 상태가 좋은 양이나 소나 나귀나 전리품을 뺐었습니다. 그런데 이런 것이 하나님 앞에 영원히 용서받지 못한 죄가 돼 버렸습니다.

사울은 기스의 아들로 사무엘이 선택해서 왕으로 세움을 받았습니다. 이스라엘의 왕이 되어 이스라엘의 전체를 다 가졌습니다. 백성들의 생명도 다 가졌습니다. 그런데 딱 하나 걸림돌이 있었습니다. 바로 사무엘이었습니다. 하나님이 사무엘을 통해서 여러 가지 말씀을 하셨는데, 사울이 생각할 때 사무엘이 귀찮은 겁니다. 그러니까 '사무엘, 이걸 어떻게 밀어낼 수 없을까?' 하는 생각을 하게 된 겁니다. 이게 루시엘의 죄의 모형과 똑같은 겁니다. 그래서 사울의 죄가 영원히 용서 못 받은 겁니다.

이스라엘의 기스의 아들인 사울이 사무엘에게 기름부음을 받고 처음 왕이 될 때는 굉장히 겸손했습니다. 사무엘이 오면, 그냥 코가 땅에 닿도록 절을 했습니다. 제사장으로, 선지자로 섬겼습니다. 그런데 왕의 자리에 앉고 시간이 흐르면서 사무엘의 권위를 가지고 싶은 마음이 든 겁니다. 사무엘이 전쟁을 시작하기 전에 제사를 드리러 갈 때, 아마도 일부러 늦게 간 거 같습니다. **"죄를 짓기를 원하는 마음이 있으면 하나님은 기회를 준다"**라는 말이 있습니다. 하나님이 사울에게 기회를 준 겁니다. 사울의 눈빛을 보니까, '어떻게 하나?' 보려고 일부러 늦게 간 겁니다. 그랬더니, 사울이 덜컥 걸려드는 겁니다. 마음 속에 있는 생각이 그대로 나타난 겁니다. 사울의 마음이 그대로 드러나서 "야. 사무엘 같은 거 뭐 필요 없어. 우리끼리 제사하자, 제사"라고 말하고 자신이 직접 제사를 해버린 겁니다. 하나님이 주신 제사장의 권위의 자리를 빼앗은 겁니다.

사울과 다윗의 죄를 한번 비교해 봅시다. 다윗은 사람을 죽였습니다. 자신의 부하인 우리야의 아내인 밧세바를 뺏었습니다. 십계명 중에 살인죄와 간음죄를 범했습니다. 그런데 다윗의 죄는 하나님께 용서를 받습니다. 다윗은 오히려 하나님 앞에 더 크게 쓰임 받습니다. 그리스도이신 예수님을 말할 때 다윗의 자손 예수라고 그럽니다. 할렐루야. 사울은 큰 죄지은 것도 없습니다. 사무엘이 제사에 늦게 와서 그냥 자신이 직접 제사를 드린 겁니다. 그런데 사울의 죄는 영원히 용서 못 받았습니다. 사울의 죄는 루시엘의 죄에 참여하기 때문입니다. 이 원리를 깊이 깨달으시고 루시엘의 죄에는 그 근처에도 가지 말시기를 바랍니다. 아멘.

한국 교회 장로님들이 잘 들어야 합니다. 장로님이 되기 전까지는 축복을 받습니다. 그런데 장로가 된 후에 망해버립니다. 왜 그럴까? 루시엘의 죄에 참여하기 때문입니다. 기름부음을 받아 안수해서 장로로 세웠는데, 기름부음을 받아 하나님의 말씀을 전하는 목사님을 견제하는 걸 '장로의 제일 되는 직분의 사명'이라고 말합니다. 그러니 한국 교회가 망하는 겁니다. 장로는 목사를 견제하는 직분이 아닙니다.

디모데전서 3장 6절을 읽어봅시다.

"새로 입교한 자도 말찌니 교만하여져서 마귀를 정죄하는 그 정죄에 빠질까 함이요"(딤전 3:6).

이것은 교회에서 직분자를 세울 때 새로 입교한 자, 교회에 처음 나온 새신자에게 바로 높은 직분을 주지 말라는 겁니다. 이렇게 하면, 새신자는 그 직분을 감당하지 못합니다. 교만해져서 우쭐해집니다. 결국에는 그 사람의 영혼을 망친다는 겁니다. 교만해지면 마귀처럼 된다는 겁니다. 마귀의 죄의 근원이 교만입니다. 교만 때문에 하나님의 자리를 넘보는 겁니다. 이게 죄의 출발점입니다. 성경에서 "교만은 패망의 선봉"이라고 합니다. **"교만하지 맙시다."** 교만 때문에 천사의 타락이 일어나고, 그에 따른 천사의 심판이 일어난 겁니다.

루시엘의 타락은 하나님의 영적 권위에 도전해서 하나님의 자리를 뺏으려고 했기 때문입니다. 사울의 죄는 영적 권위에 자신이 올라가려고 했기 때문입니다. 장로님이 목사를 견제하고 영적 권위의 자리에 올라가려고 하면 안 됩니다. 사울의 죄, 루시엘의 죄를 따라가는 겁니다.

사울과 계속 비교하는 다윗을 봅시다. 다윗은 하나님이 사울을 버린 것을 알았습니다. 하지만 사울을 대할 때마다 "하나님이 기름 부은 자를 절대로 나는 손대지 아니하리라"는 믿음을 끝까지 지키면서 왕으로 사울을 섬깁니다. 이런 다윗의 믿음이 대단한 겁니다. 장인어른이지만, 자신을 끊임없이 죽이려고 한 적입니다. 한두 번이 아닙니다. 군대를 동원해서 다윗을 죽이는 작전을 펼치기도 합니다. 우리가 잘 알고 있듯이 사울을 죽을 수 있는 기회가 두 번이나 있었는데, 죽이지 않았습니다. 다윗의 부하들이 기회라고 이야기할 때 다윗은 '하나님이 기름 부은 자를 절대로 나는 손대지 아니하리라'는 믿음을 지켰습니다. 다윗이라고 사울이 마냥 좋았겠습니까? 자신을 죽이려고 하는데, '아이고 좋아라' 하면서 반기겠습니까? 다윗은 사울을 한 인간으로 대하지 않고, 하나님이 기름 부은 자로 대한 겁니다. 이는 기름 부으신 하나님을 대한 겁니다. 하나님의 권위에 도전하지 않은 겁니다. 하나님의 권위를 인정한 겁니다. 이런 다윗의 믿음은 나중에 사울이 죽고, 사울의 머리를 가지고 온 신하에게 행한 다윗의 모습에서 볼 수 있습니다. "왕이여! 이제 왕이여 기뻐하소서. 철천지 원수를 내가 해치웠습니다!" 그랬더니, 다윗이 "너 이리 와! 내가 사울을 죽일 줄 몰라서 안 죽였는지 아냐? 일로 와!" 하고 그 신하를 그냥 처형시킵니다.

루시엘의 죄의 모형은 인간의 모습에서 끊임없이 나옵니다. 자기의 근원을 배신하며 그 권위를 뺏으려는 것이 바로 루시엘의 죄입니다. 이 죄는 용서받지를 못 하는 겁니다. **"배신자 되지 맙시다."** 배신자의 죄는 용서받지 못합니다. 할렐루야.

우리가 이 땅에 살면서 사람이 연약해서 부지중에 죄를 지을 때가 참 많습니다. 그런데, 루시엘의 죄는 짓지 맙시다. 이 죄에는 걸려들지 맙시다. 실수를 하더라도 루시엘의 죄에 걸려들지 맙시다. 이것에 걸려들면 패가망신하는 겁니다. 잠언 16장 18절을 읽어봅시다.

"교만은 패망의 선봉이요 거만한 마음은 넘어짐의 앞잡이니라"(잠 16:18).

교만과 거만한 마음은 하나님의 권위에 도전하고, 하나님께 반역하는 죄의 근원입니다. 이 죄에 걸려들지 맙시다.

하나님이 "너희들이 실수했지만, 믿으라. 예수를 인정하라. 예수의 사랑을 인정하라" 하고 예수를 믿으라고 이야기합니다. 하나님이 예수의 사랑까지 베풀었는데, 그걸 거역하는 것은 죄입니다. 복음을 거역한 죄 때문에 지옥 가는 겁니다. 하나님 앞에 버림받는 겁니다.

기도

"사랑의 하나님, 천사장 루시엘이 하나님의 보좌를 밀어내고 그 자리를 차지하려는 마음 때문에 타락했다는 것을 알았습니다. 루시엘의 죄 때문에 패망한 사람들처럼 되지 않게 하옵소서. 하나님의 권위를 인정하고, 하나님의 보좌를 탐내지 않게 하옵소서. 예수님의 이름으로 기도하옵나이다. 아멘."

04

/

첫째 세상 : 천사의 나라
천사의 심판

요한계시록 12장 4절

⁴그 꼬리가 하늘 별 삼분의 일을 끌어다가 땅에 던지더라 용이 해산하려는 여자 앞에서 그가 해산하면 그 아이를 삼키고자 하더니

하나님이 첫째 세상인 천사의 나라를 창조하셨습니다. 천사의 나라에 루시엘을 대표로 창조하셨습니다. 그런데 천사장이었던 루시엘이 하나님의 보좌를 차지하려고 했습니다. 반역을 일으켰습니다. 하나님이 타락한 루시엘을 처참하게 심판합니다.

우리가 사는 이 세상이 창조되기 전에 일어났던 일입니다. 우리는 모릅니다. 성경이 이것에 대해서 깊이 말하지도 않았습니다.

그냥 하나님이 "이런 일이 있었다. 이 세상이 지어지기 전에 이런 일이 과거에 있었다" 하고 전합니다.

하나님은 타락한 루시엘을 어떻게 심판하셨는지 아십니까? 먼저 자기의 지위와 처소를 떠나게 하시고(유 1:6), 흑암에 두셨습니다(벧후 2:4). 최후의 심판 때 예비된 영원한 지옥에 가두실 겁니다(마 25:41). 하나님에게 심판을 받은 루시엘은 그의 이름이 바뀌었습니다. 이사야 14장 12절을 읽어봅시다.

"너 아침의 아들 계명성이여 어찌 그리 하늘에서 떨어졌으며 너 열국을 엎은 자여 어찌 그리 땅에 찍혔는고"(사 14:12).

계명성은 라틴어로 '루시페르', 영어식으로는 '루시퍼'입니다. 루시엘의 '엘' 자는 히브리어로 하나님에 대한 존칭어 '엘로힘'에서 비롯됩니다. 그래서 천사나 사람의 이름 뒤에 '엘' 자가 붙을 때 '존귀하다'라는 의미를 더해줍니다. 구약시대의 선지자들 중에 이름에 '엘' 자가 있던 경우가 많았습니다. 엘리야, 다니엘, 엘리사, 사무엘 등이 있습니다. 루시엘도 마찬가지로 존귀한 이름을 가지고 있었지만, 그가 타락하고 악의 근원이 됨으로써 그의 이름은 '루시퍼'로 바뀝니다. 루시퍼는 반란자, 혁명가, 쿠데타라는 뜻을 가지고 있습니다. 그리고 더 나아가 루시퍼는 흔히 사탄, 마귀, 원수로 불리게 됩니다.

루시퍼 외에 성경에 타락한 루시엘을 지칭하는 별명들이 50여

가지가 됩니다. 바알세불(마 12:24, 27), 벨리알(고후 6:15), 귀신의 왕(막 3:22), 공중권세 잡은 자(엡 2:2), 뱀(고후 11:3), 큰 용(계 12:9), 원수(마 13:39), 대적자(벧전 5:8), 참소자(계 12:10), 세상신(고후 4:4), 미혹의 영(요일 4:6), 악어(겔 29:3, 32:2), 살인자, 거짓말쟁이(요 8:44), 리워야단(사 27:1), 도적(요 10:10), 계명성, 열국을 엎은 자(사 14:12) 등입니다.

요한계시록 12장 4절을 읽어봅시다.

"그 꼬리가 하늘 별 삼분의 일을 끌어다가 땅에 던지더라 용이 해산하려는 여자 앞에서 그가 해산하면 그 아이를 삼키고자 하더니"(계 12:4).

루시엘이 하나님을 반역할 때 그를 따른 천사들의 숫자는 전체 천사의 1/3 정도 됐습니다. 요한계시록에는 하늘의 별의 1/3이 땅에 떨어졌다고 정확하게 기록하고 있습니다. 악한 영의 세계는 사탄과 그를 따르는 천사의 1/3이 되는 사자들이 있습니다.

하나님이 심판했던 천사의 나라인 우주 가운데가 지구입니다. 지구는 태양계에서 약간 비켜 있지만 우주에서는 지구가 중심입니다. 예수를 안 믿는 우주 과학자들도 지구가 중심이라 그럽니다. 이 지구가 타락한 마귀의 나라란 말입니다. 하나님이 여기에 아담의 나라를 세우신 겁니다. 마귀의 나라에 아담의 나라를 세우니까 아담을 유혹한 겁니다. 타락하게 만든 겁니다. 아담이 타락하자 하나님께서 에덴동산에서 쫓아내시면서 타락하지 않은 천사들에게 두루 도는 화염검으로 에덴동산을 지키게 했습니다.

성경에 나타난 하나님의 심판의 속성

여호수아 7장에 아간이 범죄했을 때 하나님은 아간과 그의 가족만 죽인 것이 아니라, 아간이 다녀간 모든 터를 거름으로 만들고 그가 만진 모든 것을 불살라 없애라고 명령하셨습니다. 루시엘에 대한 심판도 동일한 원리를 따릅니다. 루시엘이 만진 모든 것도 하나님은 기뻐하지 않으셨습니다.

미국 보스턴 근처에 있는 플리무스 항구에는 아직도 청교도들의 메이플라워호가 정박해 있습니다. 1620년에 영국에서 출발한 102명의 청교도들은 66일 동안 항해해서 미국 뉴욕에 도착하는데 항해 도중에 절반이 죽습니다. 배에서 내린 이들은 하나님에게 기도로 묻습니다. '하나님, 과부가 된 여성과 홀아비가 된 남성이 새로 가정을 이루어도 됩니까?' 이때 하나님은 그들에게 새로운 가정을 시작하라고 말씀하십니다. 그래서 재혼해서 새로운 가정을 이루어 사는데, 남자가 첫 부인의 사진을 방에다 걸어놓으면 될까요? 절대 안 됩니다. 첫 부인에 대한 좋은 기억이 있어도 그녀의 모든 소지품은 불로 태워버려야 하는 겁니다. 새로 재혼한 아내는 첫 부인이 다녀간 흔적도 싫고, 만진 그릇도 싫고, 살았던 집도 팔아서 새집으로 이사가고 싶은 겁니다. 이것은 하나님의 심판에도 똑같이 적용되는 논리입니다.

하나님은 첫째 세상에서 루시엘이 손닿은 모든 것을 불태워 버렸습니다. 하나님은 루시엘을 심판하실 때, 죄의 주체인 루시엘만 심판하신 것이 아니라 그를 따르는 사자들과 그가 다스린 열국과 모든 우주를 엎으셨습니다. 창세기 1장 2절을 보면, 천지를 창조하실 때 땅이 혼돈하고 공허하며 흑암이 깊음 위에 있었다고 했는데, 그 이유를 아십니까? 이것은 하나님이 루시엘과 그를 수종드는 사자들과 그가 관할했던 우주에 대폭발이 일어난 이후의 상황을 그린 모습입니다.

만약 하나님이 타락한 사탄을 심판하지 않으셨으면 어떻게 되겠습니까? 하나님을 대적한 사탄에게서는 악한 것밖에 나올 수 없습니다. 만유의 타락, 악의 기원, 비극의 출발은 사탄의 타락부터 시작되었습니다. 사탄이 하나님에게 반역하기 전에는 이 땅의 모든 소유, 사건, 의견, 이론, 전체가 하나님에게 예속되어 있었습니다. 하나님의 창조원리는 우주 만물도 하나님 안에서만 가장 아름다우며, 인간 역시도 하나님의 형상과 모양으로 지어졌기 때문에 하나님을 떠나서는 그 어떤 만족과 행복도 영위할 수가 없습니다. 오직 하나님 안에서만 하나님이 창조하신 피조물이 가장 행복할 수 있습니다.

하지만 사탄이 나타난 후로, 하나님 외에 '다름'이 생긴 겁니다. 사탄으로 인해 하나님으로부터 분리된 소유, 이론, 생각, 자아가 생긴 겁니다. 이 세상의 모든 것이 사탄으로 인하여 하나님과 분리된 겁니다.

그렇다면, 왜 하나님은 사탄을 바로 제거하지 않으셨는지 질문하는 분이 있을 겁니다. 하나님은 세상을 창조하시기 전에 이미 하늘의 설계도를 완성하셨습니다. 천사의 타락도 당연히 아셨고, 인간이 타락한 천사의 말을 듣고 선악과를 먹을 것도 알고 계셨습니다. 하지만 타락한 사탄을 바로 제거하지 않으셨습니다. 그 이유는 사탄을 사용하셔서 인간이 사탄과 싸워서 잃어버린 하나님 자녀의 신분을 회복하기를 바라셨기 때문입니다. 사람이 믿음을 키우기 위해서는 고난이 필요합니다. 하지만 하나님은 선하신 분이기 때문에 고난을 직접 주실 수 없으십니다. 그래서 사탄으로부터 오는 고난을 허락하셔서 성도의 믿음을 키워나가십니다.

여러분이 타락한 천사들의 심판을 받고 싶지 않다면, 루시엘의 죄를 짓지 않도록 늘 깨어 있어야 합니다. 영적으로 깨어있지 않으면 루시엘의 죄의 길을 가게 됩니다.

기도

"타락한 루시엘에게 심판을 내리신 하나님! 루시엘의 죄를 짓지 않도록 늘 깨어서 기도하길 원하옵나이다. 영적으로 늘 깨어진 삶을 살게 하옵소서. 예수 그리스도의 이름으로 기도하옵나이다. 아멘."

05

/

둘째 세상 : 아담의 나라
아담의 창조

창세기 1장 26-28절

26하나님이 가라사대 우리의 형상을 따라 우리의 모양대로 우리가
사람을 만들고 그로 바다의 고기와 공중의 새와 육축과 온 땅과 땅에
기는 모든 것을 다스리게 하자 하시고 27하나님이 자기 형상 곧 하나
님의 형상대로 사람을 창조하시되 남자와 여자를 창조하시고 28하나
님이 그들에게 복을 주시며 그들에게 이르시되 생육하고 번성하여 땅
에 충만하라, 땅을 정복하라, 바다의 고기와 공중의 새와 땅에 움직이
는 모든 생물을 다스리라 하시니라

세상을 3개를 나누면, **"첫째 세상은 천사를 중심으로, 둘째 세
상은 아담을 중심으로, 셋째 세상은 메시아를 중심으로"** 세워진
세상입니다.

천사의 나라는 이 세상이 지어지기 전에 일어난 일이니까 우리는 이 사실을 잘 모릅니다. 사실, 이 세상에 일어난 일도 지금 우리는 잘 모릅니다. 그런데 첫째 나라인 천사의 나라와 둘째 나라인 아담의 나라에 어떤 일이 일어났는지 성경이 우리에게 아주 잘 말해주고 있습니다. 하나님이 성경을 우리에게 주셔서 우리 인간들이 어떻게 하면 구원받는 길을 갈 수 있는지 알려주신 겁니다. 그래서 성경은 우리에게 구원의 책입니다.

첫째 세상인 천사의 나라에서 **"천사의 창조"**, **"타락"**, **"심판"**이 지나갔습니다. 첫째 세상인 천사의 나라가 지난 후 수많은 세월이 지났습니다. 시간의 개념이 없을 만큼 수많은 세월이 지난 후에 어느 날, **"태초에 하나님이 천지를 창조"**하십니다. 그 창조가 바로 둘째 세상 아담의 나라입니다. 지금 우리가 살고 있는 이 세상의 창조입니다. 첫째 세상은 천사를 중심으로, 둘째 세상은 아담을 중심으로 창조하셨습니다. 지금 우리가 살고 있는 아담의 나라의 중심은 천사가 아니라 아담, 사람입니다.

루시엘의 범죄로 인한 하나님의 심판 때문에 열국은 폐기처분의 상태였습니다. 땅은 혼돈하고 공허하며 흑암이 깊음 위에 있고, 하나님의 영은 수면에 운행하고 계셨습니다. 창세기 1장 2절의 말씀은 히브리어 원어로 '여자들이 밀가루를 반죽하다'라는 의미를 내포합니다. 즉, 하나님이 루시엘을 심판하실 때 창조하신 만물을 밀가루 반죽하듯이 처분하셨다는 겁니다. 바닷가의 갯벌처럼 물로 세상을 덮어서 지구를 재창조하셨다는 겁니다.

에덴동산의 재창조설

하나님이 루시엘을 심판하신 이후 에덴동산을 새로 만든 것이 아니라, 이전의 에덴동산의 원료를 재창조했다는 견해를 신학적으로 '재창조설'이라고 합니다. 천년왕국도 마찬가지입니다. 여러 신학적 견해가 존재하지만 그 중에서도 예수님이 재림하실 때 하나님이 이 세상을 완전히 심판하시는 것이 아니라 원재료를 원소 분해하여 새 하늘과 새 땅을 만드는 지구 복구설(재창조)에 더 비중이 큽니다.

에베소서 1장 3-14절을 읽어봅시다.

"찬송하리로다 하나님 곧 우리 주 예수 그리스도의 아버지께서 그리스도 안에서 하늘에 속한 모든 신령한 복으로 우리에게 복 주시되 곧 창세 전에 그리스도 안에서 우리를 택하사 우리로 사랑 안에서 그 앞에 거룩하고 흠이 없게 하시려고 그 기쁘신 뜻대로 우리를 예정하사 예수 그리스도로 말미암아 자기의 아들들이 되게 하셨으니 이는 그의 사랑하시는 자 안에서 우리에게 거저 주시는바 그의 은혜의 영광을 찬미하게 하려는 것이라 우리가 그리스도 안에서 그의 은혜의 풍성함을 따라 그의 피로 말미암아 구속 곧 죄 사함을 받았으니 이는 그가 모든 지혜와 총명으로 우리에게 넘치게 하사 그 뜻의 비밀을 우리에게 알리셨으니 곧 그 기쁘심을 따라 그리스도 안에서 때가 찬 경륜을 위하여 예정하신 것이니 하늘에 있는 것이나 땅에 있는 것이 다 그리스도 안에서 통일되게 하려 하심이라 모든 일을 그 마음의 원대로 역사하시는 자의 뜻을 따라 우리가 예정을 입어 그 안에서 기업이 되었으니 이는 그리스도 안에서 전부터 바라던 우리로 그의 영광의 찬송이 되게 하려 하심이라 그 안에서 너희도 진리의 말씀 곧 너희의 구원의 복음을 듣고 그 안에서 또한 믿어 약속의 성령으로 인치심을 받았으니 이는 우리의 기업에 보증이 되사 그 얻으신 것을 구속하시고 그의 영광을 찬미하게 하려 하심이라"(엡 1:3-14).

이사야 43장 21절을 읽어봅시다.

"이 백성은 내가 나를 위하여 지었나니 나의 찬송을 부르게 하려 함이니라"(사 43:21).

하나님은 지으신 사람으로부터 영광의 찬송을 받고, 영원히 함께 교제하기 위해 창조하셨습니다. 자칫하면 이 말을 마치 하나님이 사람을 창조해 주었기 때문에 사람이 하나님을 위해서 살라는 것으로 착각할 수 있습니다. 하지만 그것은 하나님의 창조 원리가 아닙니다. 하나님의 창조 원리에 따르면, 사람은 하나님을 떠나서는 행복할 수 없기 때문에 하나님을 찬송하고(엡 1:3-14, 사 43:21), 하나님과 함께 교제하는 것이 사람을 위한 가장 큰 축복인 겁니다. 사람은 오직 하나님을 향할 때만이 행복할 수 있는 겁니다.

하나님의 형상과 모형대로

하나님께서 사람을 만들 때 얼마나 존귀하게 만들었는지 창세기 1장 26-28절을 보면 알 수 있습니다.

"하나님이 가라사대 우리의 형상을 따라 우리의 모양대로 우리가 사람을 만들고 그로 바다의 고기와 공중의 새와 육축과 온 땅과 땅에 기는 모든 것을 다스리게 하자 하시고 하나님이 자기 형상 곧 하나님의 형상대로 사람을 창조하시되 남자와 여자를 창조하시고 하나님이 그들에게 복을 주시며 그들에게 이르시되 생육하고 번성하여 땅에 충만하라, 땅을 정복하라, 바다의 고기와 공중의 새와 땅에 움직이는 모든 생물을 다스리라 하시니라"(창 1:26-28).

창세기 2장 7-10절도 읽어봅시다.

"여호와 하나님이 흙으로 사람을 지으시고 생기를 그 코에 불어 넣으시니 사람이 생령이 된지라 여호와 하나님이 동방의 에덴에 동산을 창설하시고 그 지으신 사람을 거기 두시고 여호와 하나님이 그 땅에서 보기에 아름답고 먹기에 좋은 나무가 나게 하시니 동산 가운데에는 생명나무와 선악을 알게하는 나무도 있더라 강이 에덴에서 발원하여 동산을 적시고 거기서부터 갈라져 네 근원이 되었으니"(창 2:7-10).

하나님이 아담에게 루시엘보다 더 격을 높여서 **생육하라, 번성하라, 충만하라, 다스리라, 지키라** 하고 명하셨습니다. 루시엘은 천사로서 하나님이 부리는 영으로 창조된 반면에, 아담은 하나님의 형상과 모양으로 창조되었기 때문에 '종'의 신분이 아니라 '자녀'의 신분으로 지음을 받았습니다. 하나님이 아담에게 주신 축복은 하나님이 천사의 나라에서 루시엘에게 주신 축복보다 더 큰 축복이었습니다. 하나님이 아담을 그토록 높여주신 겁니다. 아멘.

"생육하라"는 것은 육신적 생육도 있지만 새롭고 창조적인 일을 만들어가는 능력을 의미합니다. **"번성하라"**는 것은 내가 하는 창조적인 일이 확대되는 역사를 의미합니다. **"충만하라"**는 것은 내가 하는 모든 일에 정상까지 가고 최고를 찍는 역사를 의미합니다. **"정복하고 다스리라"**는 것은 영권, 인권, 물권을 다스리는 권세를 의미합니다. **"지키라"**는 것은 에덴동산을 누군가로부터 지켜내야 한다는 대상이 있음을 전제합니다. 그때는 스스로 계시는 하나님이 계셨고, 하나님이 창조하신 피조물이 있었습니다. 그런데, 에덴동산을 지키라고 하신 것은 어떤 의미가 있는 것입니까? 에덴동산을 침략하는 뭔가 있다는 겁니다. 그게 둘째 나라인 아담의 나라 이전에 창조된 천사입니다. 정확하게 이야기하자면, 타락한 천사들의 침략에 대비해서 지키라는 겁니다. 아담을 무너뜨리려는 침략자 루시엘 밖에 없습니다(벧전 5:8, 약 4:7). 하나님은 타락한 루시엘이 아담의 나라를 공격할 것을 이미 알고 계셨습니다. 천사의 나라에서 심판을 받은 루시엘, 마귀, 사탄으로부터 에덴동산을 지키라는 겁니다.

아담의 나라를 무너뜨리려는 사탄

왜 사탄은 아담의 나라에 침투하여 아담을 무너뜨리려고 했을 까요? 천사 루시엘은 타락하기 전에 하나님의 모든 축복과 총애를 받았습니다. 하지만 그의 반역으로 하나님은 루시엘을 심판하시고, 그 축복은 아담에게로 넘어갑니다. 또한 루시엘은 천사로서 하나님이 부리는 영으로 창조된 반면에, 아담은 하나님의 형상과 모양으로 창조되었기 때문에 '종'의 신분이 아니라 그보다 높은 '자녀'의 신분으로 지음을 받습니다. 그러므로 하나님의 형상으로 지음을 받고 하나님의 축복을 받은 아담은 사탄의 눈에 가시 같은 존재입니다. 사탄이 아담을 공격한 것은 마치 사장한테 혼나서 쫓겨난 회사 직원이 사장을 골탕 먹이려고 사장의 자녀를 유괴하는 것과 비슷합니다. 하나님을 공격할 수 없으니 하나님의 자녀로 지음 받은 아담을 공격하는 겁니다. 사탄은 아담을 공격해서 그가 받은 모든 축복을 전부 빼앗고, 자신과 타락한 천사들을 위해 예비된 영원한 지옥불로 아담을 같이 끌고 가려는 속셈인 겁니다.

히브리 사람들은 하늘을 세 개의 하늘로 이해합니다. 첫째 하늘은 지구의 새들이 날아다니는 하늘입니다. 둘째 하늘은 무중력 상태의 하늘입니다. 그리고 셋째 하늘은 하나님의 보좌가 있는 하늘입니다. 이것을 가리켜 '삼층천(Third Heaven)'이라고도 합니다. 세 가지 하늘 중에서 히브리 사람들은 사탄이 거하는 하늘을 '공중'이라고 부르는데 이것은 둘째 하늘을 의미합니다. 하나님이 지구를 창조하실 때 둘째 하늘 공중 안에 지으신 겁니다.

하나님은 아담을 통해서 루시엘이 무너뜨린 만유를 회복하기를 원하셨습니다. 하나님은 사탄의 심장부인 에덴동산에 하나님의 자녀를 창조하시고, 그들에게 생육하라, 번성하라, 충만하라, 정복하고 다스리라, 지키라 등 땅의 축복과 권세를 주셔서 그들이 사탄과 대항하고 싸워 이겨서 이 땅을 회복하기를 원하셨습니다.

기도

"이 세상을 창조하신 하나님께 감사와 영광을 올려 드립니다. 천사보다 더 높은 자녀로 창조하시고 많은 축복과 은혜를 베풀어주셔서 감사합니다. 생육하라, 번성하라, 충만하라, 정복하고 다스리라, 지키라 등 많은 축복과 권세를 누리며 잘 살 수 있도록 하옵소서. 예수 그리스도의 이름으로 기도하옵나이다. 아멘."

06

/

둘째 세상 : 아담의 나라
아담의 타락

창세기 3장 1-7절

¹여호와 하나님의 지으신 들짐승 중에 뱀이 가장 간교하더라 뱀이 여자에게 물어 가로되 하나님이 참으로 너희더러 동산 모든 나무의 실과를 먹지 말라 하시더냐 ²여자가 뱀에게 말하되 동산 나무의 실과를 우리가 먹을 수 있으나 ³동산 중앙에 있는 나무의 실과는 하나님의 말씀에 너희는 먹지도 말고 만지지도 말라 너희가 죽을까 하노라 하셨느니라 ⁴뱀이 여자에게 이르되 너희가 결코 죽지 아니하리라 ⁵너희가 그것을 먹는 날에는 너희 눈이 밝아 하나님과 같이 되어 선악을 알줄을 하나님이 아심이니라 ⁶여자가 그 나무를 본즉 먹음직도 하고 보암직도 하고 지혜롭게 할만큼 탐스럽기도 한 나무인지라 여자가 그 실과를 따먹고 자기와 함께한 남편에게도 주매 그도 먹은지라 ⁷이에 그들의 눈이 밝아 자기들의 몸이 벗은 줄을 알고 무화과나무 잎을 엮어 치마를 하였더라

하나님이 천사를 부리는 종으로 창조하셨지만, 인간은 하나님의 형상으로 자녀로 창조하셨습니다. 천사보다 더 높은 격을 주신 겁니다. 하나님이 천사에게 주시지 않았던 생육하라, 번성하라, 충만하라, 정복하고 다스리라, 지키라 등 많은 축복과 권세를 우리에게 주셨습니다. 이렇게 우리를 높여주신 하나님의 은혜에 감사해야 됩니까? 안 해야 됩니까? 감사해야죠. 그런데, 제2의 비극 현상이 일어납니다.

하나님 앞에 심판을 받은 마귀, 루시엘이 아담의 나라에 와서 아담(사람)을 유혹하는 겁니다. "아담. 참으로 하나님이 모든 것을 먹지 말라 했냐?" 사탄은 그냥 죄를 드러내지 않았습니다. 유도법으로 마음에 죄를 심는 겁니다. 사탄의 말에 아담이 "아니야. 하나님이 모든 걸 마음대로 먹되 동산 중앙에 있는 선악과만 먹지 말라 그랬어" 하고 대답합니다. 선악과는 하나님의 권위에 대한 상징입니다. 선악과 자체에 무슨 독약이 있는 게 아니고, 하나님의 권위에 대한 상징이란 말입니다.

"모든 것은 너 마음대로 가지되, 나를 상징하는 이 선악과 있잖아. 이 권위에 손대지 말라. 그러면 너 선배 봤지? 너 선배 루시엘 봤지 어떻게 되는가? 너는 절대로 루시엘이 되면 안 된다. 피조물인 인간이 창조주가 될 수 없어. 루시엘이 나의 권위에 도전해서 심판받은 걸 기억해라. 그리고 에덴동산을 지켜! 여길 노리는 자가 있을 것이다."

성경에 자세히 나와 있지는 않지만, 하나님이 아담에게 루시엘에 대한 경고를 했을 겁니다. 그래서 사탄이 침공하려는 에덴동산을 지키게 하신 겁니다. 하나님의 말씀을 자세히 살펴보면, 루시엘에 대한 흔적을 아담에게 설명했단 말입니다. 아담이 뱀을 보자마자 "어! 너 그놈이구나! 하나님이 미리 말했어! 물러가라!" 했으면 얼마나 좋았겠습니까? 마귀는 한칼에 딱 해치워야 됩니다. 그런데 마귀하고 대면하고 대화가 이루어진 겁니다.

사탄이 아담의 나라에 왔습니다. 그리고 사람을 유혹합니다. 자신의 죄의 근원이었던 하나님의 자리를 넘보는 것으로 타락하게 만듭니다. 하나님의 총애를 받던 루시엘이 자신을 심판하고, 둘째 나라의 사람을 보니까 시기와 질투가 일어난 겁니다. 그들에게 거짓말해서 하나님의 품 안에서 벗어나 죄를 짓게 합니다. 그리고 자신의 왕국 밑으로 오게 만든 겁니다.

여러분, 우리는 나약한 인간이기 때문에 마귀하고 말하면 질 수밖에 없습니다. 말하다 보면 말려들어갑니다. 마귀의 유혹에 쉽게 넘어가버립니다. 창세기 3장을 보면 잘 알 수 있지 않습니까? 마귀의 말 한 마디에 훅 넘어가버렸습니다. 마귀가 처음부터 대적하는 모습으로 다가오는 게 아닙니다. 아마 적대적으로 다가오면, 그 모습에 "사탄아 물러가라" 하고 말할 수 있을 겁니다. 그런데 마귀가 와서 어떻게 유혹했습니까? 아담을 위하는 척하면서 다가옵니다. 창세기 3장 1-3절을 봅시다.

"여호와 하나님의 지으신 들짐승 중에 뱀이 가장 간교하더라 뱀이 여자에게 물어 가로되 하나님이 참으로 너희더러 동산 모든 나무의 실과를 먹지 말라 하시더냐 여자가 뱀에게 말하되 동산 나무의 실과를 우리가 먹을 수 있으나 동산 중앙에 있는 나무의 실과는 하나님의 말씀에 너희는 먹지도 말고 만지지도 말라 너희가 죽을까 하노라 하셨느니라"(창 3:1-3).

사탄이 "동산 모든 나무의 실과를 먹지 말라 하시더냐?" 하고 문습니다. 하나님 말씀은 모든 나무의 실과를 먹으라고 했습니다. 교묘하게 하나님의 말씀을 비틀어버린 겁니다. 이 말에 "죽을까 하노라"라고 말합니다. 하나님은 그렇게 말하지 않았습니다. 창세기 2장 15-17절을 읽어봅시다.

"여호와 하나님이 그 사람을 이끌어 에덴 동산에 두사 그것을 다스리며 지키게 하시고 여호와 하나님이 그 사람에게 명하여 가라사대 동산 각종 나무의 실과는 네가 임의로 먹되 선악을 알게하는 나무의 실과는 먹지 말라 네가 먹는 날에는 정녕 죽으리라 하시니라"(창 2:15-17).

"정녕 죽으리라" 하고 말씀하셨습니다. 그런데 교묘하게 하나님의 말씀을 비틀어버린 사탄처럼 사람도 하나님의 말씀을 비틀어 버렸습니다. 이렇게 죄에 빠지게 된 겁니다.

하나님은 사람에게 에덴동산을 다스리며 지키게 하셨습니다. 지키라는 말 속에는 에덴동산을 노리는 자가 있다는 뜻이 담겨 있습니다. 이 세상을 창조하기 전의 사건이 없었다면, 굳이 창조한 세상을 지킬 필요가 없지 않겠습니까? 하나님이 아담과 하와를 만드시기 전에 **"천사의 창조, 타락, 심판"**이 있었다는 겁니다. 다스리며 지키라는 하나님의 말씀을 깊이 생각하지 못하고 갑자기 쳐들어온 사탄의 달콤한 유혹에 하나님의 말씀을 비틀어버리면서 타락하게 된 겁니다.

선악과

하나님은 에덴동산 가운데에 **"생명나무와 선악과"**를 세우십니다. 생명나무(Tree of Life)는 영원한 생명을 주는 나무입니다(창 3:22). 선악과는 '선악을 알게 하는 나무(Tree of Knowledge of Good and Evil)'입니다. 많은 사람들은 선악과가 사과나무였는지 감나무였는지 나무의 종류를 궁금해 합니다. 선악과는 열매가 있지만 열매 자체에 독이 있던 것이 아니기 때문에 사실 어떤 종류의 나무였는지는 중요하지 않습니다. 하나님은 아담에게 에덴동산의 나무의 열매는 모두 먹되, 선악과의 열매는 먹지 말고 먹는 날에는 반드시 죽을 것이라고 말씀하신 것이 중요합니다.

하나님은 왜 선악과를 만드셨을까요? 하나님은 에덴동산을 만드시고 아담에게 땅의 권세를 주어서 동산의 모든 일을 맡기셨습니다. 하지만 하나님은 눈에 보이지 않는 영적 존재이기 때문에 사람은 자칫하면 자신이 피조물인 것을 잊고 창조주의 자리를 넘보게 됩니다. 이것이 루시엘의 죄였습니다. 그래서 하나님은 아담이 루시엘처럼 하나님의 보좌를 찬탈하려는 죄를 지지 않도록, 하나님의 주권을 상징하는 선악과를 에덴동산 중앙에 세워두신 겁니다. 선악과를 따먹지 말라는 것은 아담이 하나님의 말씀에 순종을 하느냐 하지 않느냐의 문제가 아니라, 하나님은 창조주이시고 인간은 피조물임을 인정하고 그 창조의 질서에 복종하는 것을 의미합니다. 그러므로 선악과는 오히려 하나님의 선물이었습니다.

어떤 사람들은 선악과가 하나님의 질서를 상징하는 것까지는 이해하지만, 도대체 왜 그 질서를 지키는 것이 사람을 위한 것인지 이해하지 못하고, 오히려 선악과로 인해 시험이 들어서 교회를 떠납니다. 하지만 이것은 정말 간단하게 설명할 수 있는 문제입니다. 비유적으로, 바다의 물고기가 아무리 육지에서 살고 싶다고 해도 꺼내주어야 할까요? 또 하늘의 새가 아무리 바닷속에서 살고 싶다고 해도 물에 집어넣어줘야 할까요? 사람도 이것과 동일한 원리입니다. 하나님은 사람을 피조물로 창조하셨습니다. 창조주로부터 지음받은 피조물은 아무리 피조물인 것이 기분이 나빠도, 결국 피조물은 창조주의 결정에 대해 무엇이라고 말할 수 없는 겁니다.

창조주의 마음이기 때문입니다. 하나님이 사람을 지으셨을 때, 분명한 질서 속에 창조하셨습니다. 그 질서가 지켜질 때 사람은 행복하고, 그 질서가 깨질 때 사람은 불행해집니다. 가장 극명한 예시가 동성애입니다. 하나님의 창조 질서는 남자와 여자가 결혼하여 한 가정을 이루는 겁니다. 하지만 이 창조의 질서를 거스르는 행위는 결국 에이즈라는 불치병이 생깁니다. 이것은 그 죄의 피값이 그들의 머리에 그대로 돌아간다는 성경말씀과 일맥상통합니다(레 20:13).

아담의 타락

아담이 지식의 나무에 손을 댔다가 망한 겁니다. 선악과를 먹은 사람은 아담과 하와입니다. 그들이 선악과를 먹은 다음에 어떤 일이 일어났는지 살펴보겠습니다. 창세기 3장 22절을 읽어봅시다.

"여호와 하나님이 가라사대 보라 이 사람이 선악을 아는 일에 우리 중 하나 같이 되었으니 그가 그 손을 들어 생명나무 실과도 따먹고 영생할까 하노라 하시고"(창 3:22).

여기를 보면, '이 사람이 선악을 아는 일에 우리 중 하나같이 되었으니'라고 되어 있습니다. 여러분의 이해를 쉽게 하기 위해서 말하자면, 삼위일체 하나님이 회의를 한 겁니다. 지식의 나무를 먹음으로 선악을 알게 됐습니다. 인간이 알지 말아야 할 것을 알게 되는 게 바로 선악과를 먹음으로 일어난 일입니다. 그럼, 인간이 뭘 알게 된 걸까? 창세기 3장 7절을 읽어봅시다.

"이에 그들의 눈이 밝아 자기들의 몸이 벗은 줄을 알고 무화과나무 잎을 엮어 치마를 하였더라"(창 3:7).

보호자는 하나님의 영역입니다. 그런데 그 영역을 침범한 겁니다. 눈이 밝아져서 내가 하나님처럼 되려는 죄를 범한 겁니다. 하나님의 영역을 침범하여 인간이 몰라야 될 걸 알게 된 겁니다. 창조주의 세계를 인간이 침범하려고 한 겁니다. 그래서 사람을 에덴동산에서 쫓아내시고 에덴동산에 오지 못하도록 그룹들과 두루 도는 화염검을 두어 생명나무의 길을 지키게 하신 겁니다.

"여호와 하나님이 가라사대 보라 이 사람이 선악을 아는 일에 우리 중 하나 같이 되었으니 그가 그 손을 들어 생명나무 실과도 따먹고 영생할까 하노라 하시고 여호와 하나님이 에덴동산에서 그 사람을 내어 보내어 그의 근본된 토지를 갈게 하시니라 이같이 하나님이 그 사람을 쫓아 내시고 에덴동산 동편에 그룹들과 두루 도는 화염검을 두어 생명나무의 길을 지키게 하시니라"(창 3:22-24).

선악과를 먹은 후 하나님이 사람을 부르는 호칭이 달라졌습니다. "그가"입니다. 이 말은 하나님과 인간을 분리시키는 말입니다. 우리가 될 수 없는 겁니다. 하나님으로부터 분리되어 버린 겁니다. 이것이 제2의 근원인데, 죄의 근원이란 말입니다. 천사의 나라에서 루시엘이 타락하여 사탄이 될 때도 하나님으로부터 분리되었습니다.

하나님이 천사의 나라와 아담의 나라를 창조할 때 모든 의지가 하나님 안에 있었습니다. 하나님 안에 의지가 2개 있었던 게 아닙니다. 하나님 안에 모든 의지가 하나밖에 없었습니다. 그런데, 새로운 의지가 생긴 겁니다.

하나님이 동산에 있는 각종 나무의 실과는 먹을 수 있는데, 선악을 알게 하는 나무의 실과는 먹지 말라고 했습니다. 그것을 먹는 날에는 **"정녕 죽으리라"**라고 말했습니다. 그런데 마귀의 말에 벌써 말이 꺾인 겁니다. 굴절이 된 겁니다. '정녕 죽는다'는 것이 '죽을까 하노라'로 바뀐 겁니다. '죽을까'는 죽을 수도 있지만, 안 죽을 수도 있다는 말입니다. 마귀의 말에 하나님의 말씀을 굴절시킨 겁니다.

마귀가 "하나님이 아무 것도 먹지 말라고 그랬냐?" 하면서 거짓으로 흔들어버립니다. 교묘한 거짓말로 하나님의 부정적인 요소를 넣어서 반감을 갖도록 하는 겁니다. 하나님은 "모든 걸 임의로 먹으라"라고 했습니다. 그리고 하나를 먹지 말라고 했습니다. 사탄은 그 하나를 전체로 둔갑 시켜서 아무 것도 먹지 말라고 한 것처럼 말을 비틀어버린 겁니다. 마귀는 이렇게 진실에서 조금 비틀어서 사람의 마음을 흔들어버립니다.

성도들 중에서도 목사님이 한 말을 가지고 비틀어버리는 경우가 있습니다. 특히 설교를 듣고 자기 마음대로 그 설교를 비틀어버립니다. 이건 마귀가 하는 짓입니다. 절대 설교를 듣고 비틀지 마시기 바랍니다. **"말을 비틀지 맙시다."**

마귀가 비튼 말에 벌써 사람이 넘어가는 겁니다. 마귀하고 말을 하면 그 유혹에 넘어가버립니다. 그래서 마귀하고 말하면 안 됩니다. 마귀를 보면, "사탄아 물러가라!" 하고 외쳐야 합니다. 예수님도 예수님을 생각하는 척하면서 다가오는 베드로의 마음 속에 찾아온 마귀를 향해 "사탄아 물러가라!" 하고 외쳤습니다. 자신은 믿음이 깊다는 교만 속에 빠진 성도들 중에 논리적으로 말하며 이길 수 있다고 이야기하다가 결국 사탄에게 걸려드는 경우가 있습니다. "참으로 모든 걸 먹지 말라고 했냐?" "아니. 모든 걸 먹으라 그랬는데, 선악과만 먹지 말래. 그거 먹으면 죽을까 한대." 마치 너의 말에 반박하듯이 자신의 논리를 내세운 겁니다.

사탄은 사람의 말을 듣자마자 논리적으로 더 깊게 파고듭니다. "너, 생각해 봐. 하나님이 모든 걸 다 먹으라는데, 왜 선악과만 먹지 말라고 하겠어? 그 이유는 네가 선악과를 먹으면 네 눈이 밝아져서 네가 하나님처럼 돼버려. 네가 상승하여 하나님 돼 봐. 하나님이 2개 되면 하나님이 꿀리지. 지 혼자 하나님을 영원히 해 먹으려고 하나님이 못 먹게 하는 거야." 사탄의 이야기를 듣고 생각해 보니까 그 말이 맞는 거 같습니다. "아~ 그래서 못 먹게 한 거구나! 맞아, 맞아, 맞아! 내가 하나님 되면, 하나님하고 같아질 수 있어." 그리고 덜컥 선악과를 따먹었습니다. 이게 바로 아담이 타락하는 과정입니다.

미국 필라델피아의 청교도 마을

미국 필라델피아에 약 2만 명이 오직 예수만을 위하여 사는 청교도의 신앙공동체 마을이 있습니다. 그들은 누가 더 잘 살고 못살고에 집중하지 않고, 오직 예수님 한 분에 초점을 두고 삶을 삽니다. 예를 들어, 그들은 모두가 고작 옷 4벌을 가지고 생활합니다. 교회 가는 옷, 일하는 옷, 가정에서 입는 옷, 결혼할 때 입는 옷입니다. 결혼할 때 입는 옷은 결혼식 때 한번 입고 일생 보관했다가 죽을 때 그것을 수의로 입습니다. 육신의 결혼은 결혼식 옷을 남편을 위해서 입었지만, 하늘나라의 결혼은 예수 신랑을 위해 입겠다는 겁니다. 주일날 교회에 가면, 자녀들을 가르치는 주일학교 교사가 따로 있는 것이 아니라 부모들이 전부 교사가 됩니다. 또 모든 현대문명은 죄와 연결돼 있다고 생각하는 그들은 핸드폰을 사용하지 않습니다. 필요할 때만 사용하라고 집밖에 설치해 둡니다. 음식도 전부 옛날 자연식이고 직업은 전부 농사를 짓지만 평균 소득은 일반 국민보다 높습니다. 그것은 농약을 쓰지 않기 때문에 그들이 재배하는 채소를 많은 사람들이 찾음으로 그 가격이 뉴욕시장에서 약 일곱 배의 값으로 판매되기 때문입니다. 그리고 공동체 안에서 살인, 간음 등 불의한 죄가 일어날 때 어떻게 할까요? 역시나 세상의 법, 미국의 법이 아니라, 성경의 법으로 마을을 다스립니다. 놀라운 것은 미국의 역사 200년 동안 한 번도 그와 같은 불의한 사건이 일어난 적이 없다는 겁니다.

가장 놀라운 것은, 그들이 사는 마을에는 초등학교, 중학교, 고등학교까지는 있지만 대학교가 없다는 겁니다. 왜 대학교를 세우지 않느냐 물었을 때, 그들은 인간이 너무 많은 지식을 알게 되면 결국 죄를 짓고 하나님을 대적하기 때문에 차라리 더 이상 모르는 것이 더 낫다고 말합니다. 이들은 선악과의 본질을 파악하고, 하나님만 알아야 하는 것을 사람이 알려고 하는 죄를 인간적 노력으로 원천 차단한 겁니다.

죄의 근본은 전부 똑같습니다. 결국 하나님처럼 되려고 하는 겁니다. 사탄 루시퍼도 하나님처럼 되려고 하다가 타락했고, 아담도 하나님처럼 되려고 하다가 타락했습니다. 모든 죄의 꼭지점은 하나님처럼 되려는 죄입니다. 지나간 과거의 바벨론, 페르시아, 로마의 수없는 황제들은 늘 마지막에는 하나님처럼 신의 경지에 도전하다 죽었습니다.

사람이 처음에는 무엇을 먹고, 입고, 살아야 할 곳, 의식주를 위해서 삽니다. 하지만 그것이 해결되면 사람은 누구든지 꼭 명예와 권력을 추구하게 됩니다. 그런데 땅의 것을 가지면 가질수록 사람 속에 하나님의 영만이 채워주실 수 있는 빈 공간이 더 커집니다. 이때 사람은 그 공허함을 이기기 위해 마지막으로 추구하게 되는 것이 신이 되고자 하는 충동입니다. 자기 스스로를 신격화하는 겁니다. 이것은 교계 안에서도 마찬가지입니다. 사람이 처음 신앙생활을 시작할 때는 배운 것도 없고 돈도 없어서 금식기도를 하며 죽기 살기로 매달려서 성경을 읽습니다. 하지만 성경을 읽다가 신유의 은사를 받아 교계에서 최고의 자리까지 올라가 보면 항상 신격화를 추구하게 됩니다. 이만희, 박태선, 문선명 등 모든 이단들은 결국 하나님의 자리에 올라가 자신을 하나님이라고 부릅니다. 교회의 목사님도 성도가 만 명까지 모이기 시작하면, 그중 절반은 신의 경지에 올라갑니다. 그러므로 하나님이 여러분을 높일수록 더욱 겸손해야 합니다. 여러분은 아무리 하나님의 축복을 받고, 많은 은혜를 받고, 하나님이 지구상의 모든 것을 주셔도, 마지막에 하나님의 자리에 올라가서는 안 됩니다.

저는 딸과 아들이 어렸을 때, 절을 잘 안 시켰습니다. 명절에도 절하지 말라고 그랬습니다. 이건 저의 생각인데, 성경에 천사들이 나타날 때 사람들이 무서움에 떨면서 천사한테 절하는 사람이 많았습니다. 그때 천사들은 절대 절을 안 받았습니다. 나에게 절하지 말고, 오직 하나님께만 하라고 했습니다. 그래서 아들과 딸에게 절을 잘 안 시켰습니다. 절을 받는다는 것은 내 자리가 보좌라는 생각을 하게 합니다. 보좌는 오직 하나님께만 돌려야 한다는 게 제 생각입니다. 보좌에 대한 문화가 우리도 모르는 사이에 스며들어서 높은 곳에 오르려는 욕심이 생깁니다. 가장 높은 곳에서 다스리려는 보좌의 개념에 빠지게 되는 겁니다. 그래서 예수님도 이 세상에 계실 때 잔치에 초대를 받았을 경우에 처음부터 보좌의 높은 자리에 앉지 말라고 하셨습니다. 밑에 있다가 사람들이 높은 자리로 인도하며 그 자리에 가라는 겁니다. 높은 자리를 탐하지 말라고 했습니다.

사람들이 사도 바울의 사역을 보고 그를 신으로 추종하려고 했을 때, 하나님은 도리어 사도 바울의 육체에 가시를 주셨습니다 (고후 12:7). 사람은 높은 자리에 올라가면 우쭐되기 마련이지만, 하나님은 마치 '아무리 사람들이 너를 신이라고 해도 속으면 안 돼. 너는 한 줌의 흙이야'라고 말하시듯 사도 바울이 자만하지 않도록 사탄의 가시를 그의 육체에 주셨습니다. 인간의 모든 사역은 하나님이 주신 능력으로 하기에 영광은 하나님에게만 올려 드려야 합니다.

로마 가톨릭 교황의 모자

교황은 전 세계의 천주교의 수장입니다. 가톨릭은 헌금을 각 성당에서 쓰는 것이 아니라, 로마 가톨릭교회에 보냈다가 다시 되돌려 받는 시스템을 갖고 있습니다. 그리고 전 세계의 성모병원, 복지재단, 천주교 언론사 등 모든 소유권은 로마 교황의 겁니다. 이같이 전 세계의 13억 인구를 이끄는 로마 교황은 손에는 지팡이를 짚고 머리에는 모자를 쓰고 있습니다. 로마 교황이 쓰는 모자는 무엇을 의미할까요?

로마 교황이 모자를 쓰는 것은 자신을 다스리는 분은 예수 그리스도이며 자신은 그리스도의 대리인이라는 것을 상징합니다. 자신 위에 있는 멘토에 속해 있고 그분에게 생명을 바친다는 겁니다. 천주교 신부들은 안수식을 할 때도 배를 깔고 바닥에 눕습니다. 이것은 조직을 위해 생명을 바치겠다는 의미입니다. 반면에,

종교개혁을 통해 탄생한 개신교가 한 가지 잘못한 부분은 개교회를 통제할 모자가 없다는 겁니다. 그래서 목사가 마치 왕이 될 수도 있습니다.

성경에는 그리스도의 모형으로 가장 대표적인 인물이 요셉과 다윗입니다. 이들은 모든 삶이 예수님과의 삶과 일치합니다. 반대로 사탄의 모형으로 가장 대표적인 인물은 사울입니다. 사울은 자기의 영적 지도자인 사무엘에 대하여 모자를 벗어 버림으로써 사탄의 죄에 똑같이 범죄하고 결국 하나님에게 용서받지 못했습니다(삼상 13:8-14).

하나님은 모든 죄를 용서하시되, 사탄의 죄는 용서하지 않으시기 때문입니다. 여러분도 머리 위에 항상 삼위일체의 모자를 그대로 두어야 합니다. 모자를 절대 벗으려고 하면 안 됩니다. **"모자를 벗지 맙시다."**

누가복음 15장 11-32절은 여러분이 잘 알고 있는 탕자의 비유입니다. 이 비유는 인간의 타락한 모습을 잘 보여주고 있습니다. 사람들은 탕자의 비유를 둘째 아들이 먼 나라에 가서 전 재산을 망한 이야기로 이해합니다. 하지만 예수님이 탕자의 비유를 말씀하실 때는 타락의 원리를 설명하시는 겁니다.

어느 집의 둘째 아들이 있었습니다. 그는 아침마다 일어나서 '여봐라'라는 한 마디로 수백 명의 종들을 다스릴 수 있는 능력이 있었습니다. 그런데 한 가지 걸리는 것이 아침 저녁으로 아버지에게 인사하러 가야 하는 것이었습니다. '아버지, 편히 주무셨나요?' '아버지, 편히 주무세요.' 둘째 아들은 아버지의 권위 아래 있기 때문에 수백 명의 종들이 자신의 권위 속에 들어오는 것을 깨닫지 못하고, 아버지의 권위 아래 있는 것이 싫었습니다. 그래서 하루는 아버지를 찾아가서 아버지가 없는 세상에 나가서 현 상태를 유지해 보겠다고 말합니다. 그런데 아버지를 떠난 둘째 아들은 망해서 탕자가 되어 돌아옵니다.

아버지의 권위에서 빠져나와 혼자 서겠다는 것이 루시엘의 죄이자 선악과의 죄입니다. 아버지에게 자신의 분깃을 달라고 하는 둘째 아들에게 아버지는 이렇게 말했을 겁니다. "아들아 내 것이다 네 것이로다. 그런데 너는 왜 나를 떠나서 살려느냐?" 아버지의 집에서 살면 모든 것이 자기의 겁니다. 하지만 둘째 아들에게는 아직 자신 위에 아버지라는 존재가 있는 것이 번거로웠습니다. 그래서 모자를 벗으려고 한 겁니다. 아버지 없이 살아보겠다는 겁니다. 예수님은 탕자의 비유를 말씀하실 때 이미 아담의 타락의 원리를 염두에 둔 겁니다.

결국은 아담도 타락해서 두 번째 타락이 일어난 겁니다. 첫 번째 세상인 천사의 나라에 천사의 창조, 타락, 심판의 순서가 두 번째 세상인 아담의 나라에 그대로 임하게 됩니다. **"아담의 창조"**, **"아담의 타락"**, **"아담의 심판."**

사탄이 아담의 나라에 와서 아담을 유혹하여 종으로 삼고 타락시키고 이 세상의 임금이 되어 왕 노릇을 하고 있는 겁니다. 아담의 나라에서 태어나는 모든 인간들은 마귀 왕국에서 태어납니다. 여기에 저와 여러분도 포함되어 있습니다. 어둠의 왕국, 사망과 죽음이 있고, 죄가 거하는 곳입니다. 아담의 나라가 축복의 나라였는데, 타락으로 말미암아 아담의 나라에서 태어나는 모든 인간은 다 죽을 수밖에 없는 존재가 되어 버린 겁니다. 아담의 문화 안에 있는 죄, 사망, 질병, 저주, 어두움이 그대로 인간에게 임하게 되는 겁니다.

아담이 타락하여 결국은 하나님의 자녀에서 유괴되어 사탄 마귀의 종으로 된 겁니다. 천사의 나라에서 쫓겨난 마귀가 아담의 나라의 세상 임금이 됩니다. 마귀의 왕국을 세우고 그곳에서 왕 노릇하면서 아담을 종으로 삼은 겁니다. 여러분은 선악과의 죄를 짓지 않으시려면 둘째 세상에서 아담이 범한 선악과의 죄를 알고 이겨야 합니다.

> ## 기도
>
> "사랑의 하나님, 하나님의 보좌에 앉으려는 교만한 마음을 없애주시옵소서. 높아지려는 권력과 명예의 욕심에서 벗어나게 해주시옵소서. 하나님을 벗어나 내 뜻대로 살지 않게 하옵소서. 타락하여 하나님의 자녀에서 사탄의 종이 된 우리 모두를 구원하여 주옵소서. 예수님의 이름으로 기도하옵나이다. 아멘."

07

/

둘째 세상 : 아담의 나라
아담의 심판

창세기 3장 14-24절

¹⁴여호와 하나님이 뱀에게 이르시되 네가 이렇게 하였으니 네가 모든 육축과 들의 모든 짐승보다 더욱 저주를 받아 배로 다니고 종신토록 흙을 먹을지니라 ¹⁵내가 너로 여자와 원수가 되게하고 너의 후손도 여자의 후손과 원수가 되게 하리니 여자의 후손은 네 머리를 상하게 할 것이요 너는 그의 발꿈치를 상하게 할 것이니라 하시고 ¹⁶또 여자에게 이르시되 내가 네게 잉태하는 고통을 크게 더하리니 네가 수고하고 자식을 낳을 것이며 너는 남편을 사모하고 남편은 너를 다스릴 것이니라 하시고 ¹⁷아담에게 이르시되 네가 네 아내의 말을 듣고 내가 너더러 먹지 말라한 나무 실과를 먹었은즉 땅은 너로 인하여 저주를 받고 너는 종신토록 수고하여야 그 소산을 먹으리라 ¹⁸땅이 네게 가시덤불과 엉겅퀴를 낼 것이라 너의 먹을 것은 밭의 채소인즉 ¹⁹네가 얼굴에 땀이 흘러야 식물을 먹고 필경은 흙으로 돌아 가리니 그 속에서 네가 취함

을 입었음이라 너는 흙이니 흙으로 돌아갈 것이니라 하시니라 20아담이 그 아내를 하와라 이름하였으니 그는 모든 산 자의 어미가 됨이더라 21여호와 하나님이 아담과 그 아내를 위하여 가죽옷을 지어 입히시니라 22여호와 하나님이 가라사대 보라 이 사람이 선악을 아는 일에 우리 중 하나 같이 되었으니 그가 그 손을 들어 생명나무 실과도 따먹고 영생할까 하노라 하시고 23여호와 하나님이 에덴동산에서 그 사람을 내어 보내어 그의 근본된 토지를 갈게 하시니라 24이같이 하나님이 그 사람을 쫓아 내시고 에덴동산 동편에 그룹들과 두루 도는 화염검을 두어 생명나무의 길을 지키게 하시니라

"첫째 세상은 천사를 중심으로", "둘째 세상은 아담을 중심으로", "셋째 세상은 메시아를 중심으로" 주님이 다스릴 그 나라가 속히 올 줄 믿습니다. 아멘.

사탄의 유혹에 넘어가 선악과를 따먹은 죄로 아담과 하와는 에덴동산에서 추방을 당하고(창 3:23), 땀을 흘려야 땅의 소산을 먹을 수 있게 되고(창 3:17), 자식을 낳을 때 해산의 고통이 따르게 되고(창 3:16), 마귀의 종이 됩니다(벧후 2:19). 아담 한 사람이 죄를 지음으로 모든 사람이 죄를 지어 사망에 이르게 됩니다(롬 5:12).

아담 한 사람이 지은 죄가 여러분이 지은 죄로 전가되는 이유는 아담의 대표성 때문입니다(롬 5:12). 아담은 인류의 대표자로 죄

를 지었습니다. 이것은 마치 국가대표의 개념과 동일합니다. 월드컵에서 대한민국 축구 국가대표팀이 질 때, 대한민국 국민들이 '대표팀이 졌다'라고 말하나요? 아니면 '우리가 졌다'라고 말하나요? 당연히 우리가 졌다고 말하며 아쉬워합니다. 이것은 국가대표팀이 대한민국 전 국민을 대표하기 때문입니다. 이와 동일하게 아담은 인류를 대표하기 때문에 그가 지은 죄는 한 개인의 죄가 아닌 전 인류의 죄입니다.

아담의 타락으로 바뀐 아담의 나라

베드로후서 2장 19절을 읽어봅시다.

"저희에게 자유를 준다 하여도 자기는 멸망의 종들이니 누구든지 진 자는 이긴 자의 종이 됨이니라"(벧후 2:19).

천사의 나라에서 타락한 사탄은 아담의 나라에 침투하여 아담을 사로잡아 범죄케 하여, 아담의 나라는 사탄에게 무너지고 사탄의 왕국이 됩니다. 사탄은 아담을 범죄케 함으로, 다시 한 번 천하만국(하나님 빼고 나머지 전체)을 소유하게 된 겁니다. 아담은 하나님처럼 되고 싶어서 선악과를 따먹었지만, 하나님 되기는 고사하고 타락하여 원수 사탄에게 아담의 나라를 빼앗깁니다. 우리는 우리가 사는 세상을 성경의 눈으로 보아야 합니다.

요한복음 12장 31절을 읽어봅시다.

"이제 이 세상의 심판이 이르렀으니 이 세상 임금이 쫓겨나리라"(요 12:31).

이 세상은 마귀가 임금이 된 겁니다. 요한복음 14장 30절도 읽어봅시다.

"이후에는 내가 너희와 말을 많이 하지 아니하리니 이 세상 임금이 오겠음이라 그러나 저는 내게 관계할 것이 없으니"(요 14:30).

예수님이 마귀를 부를 때 세상 임금이라고 그랬습니다. 그러니까 사탄이 아담의 나라에 와서 거짓말로 아담을 유혹하여 타락하게 하고 아담을 종으로 사로잡아서 아담 나라에서 왕이 된 겁니다. 그래서 지금 우리가 사는 이 세상은 어떤 면에서는 마귀의 왕국이라고 말할 수 있습니다. 사탄이 지배하는 왕국이니까요. 하나님이 창조하신 아담의 나라가 무너지고 사탄의 왕국으로 만든 겁니다. 이 아담의 나라를 마귀가 완전히 틀어쥔 겁니다.

죄, 죽음, 사망, 저주, 슬픔, 질병, 이 모든 것들이 사탄의 문화라고 할 수 있습니다. 그러니까 모든 인간들은 이미 벌써 사탄의 왕국에서 태어나는 것이나 마찬가지입니다. 신학자 칼빈이 말한 '전적부패'입니다. **전적부패, 전적타락**입니다. 인간이 마귀한테 점령이 되어 이미 벌써 원죄 가운데서 마귀한테 넘겨졌단 말입니다. 어린 아기들을 보면, 흠도 없고 얼마나 예쁩니까? 그런데, 그렇게 예쁜 아기 속에 이미 사탄이 악을 심어놓았습니다. 우리 눈에 예쁜 아기지만, 그 속에는 죄가 있다는 겁니다.

마치 연탄과 같습니다. 연탄을 물로 씻으면 하얗게 변합니까? 연탄을 깨끗한 물로 아무리 팍팍 닦아도 검은 물만 나오지 연탄이 하얗게 변하지 않습니다. 어떤 노력을 해도 검은 물만 나올 겁니다. 연탄의 속도 겉과 마찬가지로 검게 되어 있기 때문입니다. 본질 자체가 까맣기 때문입니다. 사탄이 인간을 그런 상태로 만들어 놓은 겁니다. 인간도 사탄이 완전히 인간을 점령한 상태이기 때문에 인간의 생각이 악함으로 가득한 겁니다. 죄와 싸움이 일어납니다. 갈등이 생깁니다. 이게 지금 우리가 살아가는 세상입니다. 태어나기 전부터 사탄이 완전히 죄의 상태로 만들어 놓았습니다. 그게 바로 인간의 원죄입니다. 이 원죄 때문에 인간에게는 소망이 없는 겁니다. 재능이 있고, 많은 노력을 해도 검은 물만 나오고 검은 상태로 있는 겁니다.

죄는 무의식적으로 자아의 본능이 나옵니다. 하나님의 의지를 벗어나 나의 의지대로 살아가려고 합니다. 이것을 치료할 분은 예수밖에 없습니다. 사탄의 왕국에서 태어난 인간은 본능적으로 자기중심으로 살아갑니다. 이게 타락한 죄입니다. 불교에서는 이것을 참선을 시켜서 해탈에 이르게 한다고 합니다. 무아지경으로 자기를 잊어버리게 한다고 합니다. 자아로부터 인간을 끌어내면 고통도 없어지고 세상만사 다 잊어버린다고 하는데, 굉장히 수동적인 겁니다.

기독교는 자아로부터 인간을 꺼내는데, 예수의 십자가를 통하여 능동적으로 죄에서 꺼냅니다. 성령의 능력을 인간에서 부어주십니다. 성령이 자아를 덮게 하여 자아가 성령 속에 푹 잠기게 합니다. 그때부터 자아가 안 보이도록 능동적으로 꺼낸단 말입니다. 아멘. 이게 바로 만유회복입니다.

사탄의 왕국

"첫째 세상은 천사를 중심으로", "둘째 세상은 아담을 중심으로" 하나님이 창조하셨습니다. 하나님이 아담을 만드셨을 때, 루시엘보다 격을 더 높였습니다. 루시엘은 하나님이 에덴동산을 주시고 기름 부어주시고 하나님 빼고 모든 걸 다 줬다고 해도 천사였습니다. 천사는 '하나님의 부리는 영'입니다. 이건 '심부름꾼', '종'이란 말입니다. 그러나 인간의 신분은 하나님의 자녀입니다. 천사보다 격이 더 높은 겁니다. 하나님이 이 세상에 창조하실 때 세우신 질서입니다. 이걸 **"창조 질서"**라고 합니다.

하나님의 창조 질서는 제일 먼저 삼위일체 하나님, 그리고 사람입니다. 그 다음 천사입니다. 천사 밑에 동물입니다. 동물 밑에는 식물, 식물 밑에는 바이러스, 세균입니다. 그리고 물질입니다. 물질보다 더 밑에 있는 존재가 있는데, 그게 바로 마귀입니다. 마귀가 제일 밑바닥입니다. 이게 하나님의 창조 질서입니다. 그런데 인간이 타락한 후에 인간과 마귀의 자리가 바뀌게 된 겁니다. 그 래서 지금 우리 인간은 물질보다 못한 존재가 된 겁니다. 하나님 다음의 자리에는 마귀가 앉아 있는 겁니다. 타락한 인간은 하나 님의 자녀에서 마귀의 종으로 신분이 내려간 겁니다.

그러나 우리가 예수를 믿으면, 예수를 구세주로 고백하면 하나 님의 자녀가 되는 권세를 받고 다시금 창조 질서 때 주셨던 사람 의 자리를 회복할 수 있는 겁니다. 지금 마귀가 빼앗은 하나님의 다음의 자리를 회복할 수 있는 겁니다. 하나님의 자녀의 신분을 회복하는 겁니다. 할렐루야.

그런데, 여기서 우리가 살펴볼 한 가지가 있습니다. 루시엘의 타락과 아담의 타락은 조금 다르다는 겁니다. 루시엘은 스스로 타 락합니다. 유혹한 존재가 없습니다. "선악과를 따먹어라. 따먹어 라." 이렇게 한 존재가 없습니다. 스스로 높아져서 하나님의 권위 에 도전을 했습니다. 그런데 아담은 좀 억울하단 말입니다. 아담 은 루시엘이 자꾸 와서 거짓말을 섞어서 "먹어라, 먹어라" 해서 그 말에 속아서 타락한 겁니다. 하나님이 '루시엘 의 타락'에 대해서 는 회개할 기회를 안 줬습니다. 스스로 타락했기 때문입니다. 그 러나 아담은 스스로 타락한 것이 아니라 루시엘의 유혹에 타락했 기 때문에 회개의 기회를 주기로 합니다. 그래서 이 세상을 창조 하신 예수 그리스도가 사람의 옷을 입고 이 땅에 오게 된 겁니다.

예수님이 오셔서 타락한 인간들을 향해 외치십니다. "마귀한테 속은 게 억울하냐? 새로 선택할 기회를 주겠다." 그냥 하나님으로 오면, 사람들이 다 무서워서 도망가 버리니까 사람의 모습으로 오신 겁니다. 예수님이 이 땅에 사람의 육체 옷을 입고 왔지만, 인간과 비슷한 것 같지만, 그 속에는 창조주 하나님이 들어 있습니다. 창조주 삼위일체 하나님이 인간의 옷을 입고 이 땅에 오신 겁니다. 그분을 우리는 예수라 그럽니다.

그러니까 예수님의 신비는 인간의 말로 설명을 다 할 수 없습니다. 이 세상을 말씀으로 창조하신 그분이 창조의 질서 안에 뛰어들었다는 것은 그 자체가 한량없는 하나님의 사랑이자 은혜입니다. 아멘. 예수님이 선악과를 따먹은 인간에게 "다시 한 번 생각해 보라", "다시 한 번 선택해 보라", "너희들 선악과 따먹은 거 후회스럽냐? 그러면 이제 선악과 따먹은 거 그거 너희들이 이제는 새로 선택 한번 해보라!"라고 기회를 주신 겁니다. 우리가 회복되는 길은 바로 예수를 붙잡는 겁니다. 이 세상은 2가지 왕국으로 이루어져 있습니다. 하나는 '아담의 나라'이고, 또 다른 하나는 '사탄의 왕국'입니다.

"사탄의 왕국." 원수 마귀인 사탄이 세상 임금이 되어서 사망권세를 가지고 사탄의 왕국을 이루어 놓았습니다. 사탄은 사람을 사망으로 다스립니다. 그래서 인간은 다 죽는 겁니다. 아담의 나라에서 태어난 모든 인간은 마귀를 이길 힘이 없습니다. 마귀는 보이지 않는 최후의 실력자로서 있으면서도 없는 거 같이 뒤에서 이 세상에 영향력을 행사하고 있는 겁니다.

마지막 아담, 예수

사탄이 왕 노릇하고 있는 이 세상은 준심판 상태입니다. 그러니 정상적인 세상이 아닙니다. 그래서 이 세상에 살고 있는 피조물들이 다 피곤한 겁니다. 병에 걸리고 죽는 겁니다. 이 준심판 상태에서 주님이 재림할 때 완전 심판이 이루어지는 겁니다. 아멘.

우리나라가 일본에게 36년 동안 식민지 생활을 했습니다. 1910년에 한일합방으로 우리나라의 주권이 일본한테 넘어갔습니다. 이건 일어나지 않은 일이지만, 만약에 일본이 우리나라를 점령하고 2살에서 3살짜리 애들만 살려놓고 4살부터 다 죽이고, 우리나라의 역사와 관련된 모든 자료들을 다 없애버렸다고 생각해봅시다. 그리고 2-3살 애들이 일본의 지배 하에서 그대로 크면 한국이란 나라가 있었다는 사실을 그들이 알 수 있겠습니까? 이 땅은 예전부터 일본이었다고 속여도 그대로 믿을 겁니다. 마귀가 지금 우리 인간들을 그렇게 속여 먹었단 말입니다. 마귀가 거짓말을 하고 있는데, 우리가 속고 있는 겁니다.

그런데 마귀가 인간을 속이고 있다고 까발린 사람이 예수입니다. 예수가 이 땅에 오셔서 사람들에게 진실을 이야기하고 있는 겁니다. 하지만 사람들은 마귀한테 속아서 지금 당장 먹고살기 바쁘다며 신경도 쓰지 않는 겁니다. 마귀로부터 해방시키려고 했는데, 만유를 회복한다고 하는데, 예수를 무시한 겁니다. 예수 때문에 세상이 소란스러워지니까, 처형까지 시킵니다.

이 세상은 공중인데, 사탄의 나라입니다. 공중은 만유입니다. 하나님 빼고 나머지가 모두 만유입니다. 이걸 지금 사탄이 관리하고 있으니 만유가 타락한 겁니다. 예수 그리스도가 지금 하나님이 창조하신 만유를 회복시키려고 한 겁니다. 타락하기 전의 상태로 돌려놓으시기 위해서 이 세상에 오신 겁니다. 마귀의 거짓으로부터 해방시키기고, 아담의 나라를 회복시키시기 위해서 오신 겁니다. 아담의 나라에 오신 예수님을 '**마지막 아담**'이라고 합니다.

아담의 나라는 아담의 타락으로 사탄 마귀가 다스리는 세상이 되었습니다. 이런 상태에서 예수 그리스도가 이 세상에 오신 겁니다. 타락한 천사 마귀가 장악한 이 세상은 예수님이 오신 이유가 궁금합니다.

첫째 세상인 천사의 나라에서 천사장 루시엘은 스스로 범죄 해서 타락했습니다. 스스로 범죄 했기 때문에 하나님이 회개의 기회를 안 줬습니다. 회개도 사람의 힘으로 하는 게 아닙니다. 하나님이 회개할 힘을 줘야 회개할 수 있는 겁니다. 절대 사람 마음대로 회개할 수 있는 게 아닙니다. 회개는 성령님이 빛을 비춰줘야 됩니다. 아무튼 죄로 똘똘 뭉쳐지고 사탄과 한 통속이 된 인간은 스스로 구원받을 힘도 없습니다. 구원은 오직 하나님 쪽에서 시작되는 겁니다. 여러분이 교회에 나오는 것도 여러분의 힘으로 나오는 것 같지만, 사실 교회에 나오기 전에 하나님은 벌써 사람을 통하여, 주위의 환경을 통하여 이렇게 저렇게 해서 하나님의 부르심이 있었단 말입니다. 하나님 쪽에서 먼저 움직이셨기 때문에 저와 여러분에게 구원이 일어나는 겁니다.

아무튼 아담의 나라에서 아담이 죄를 범했지만, 이게 좀 억울한 면이 있는 겁니다. 스스로 타락한 것이 아니라 마귀의 거짓말 때문에 유혹에 빠져서 죄를 범했기 때문입니다. 그래서 하나님은 다시 한 번 아담의 나라에 회개의 기회를 주시기로 하셨습니다. 그게 바로 예수 그리스도가 이 땅에 오신 이유입니다. 그런데 이 혜택을 볼 아담의 후손들은 예수가 이 땅에 온 이유를 모르는 겁니다. 사탄 마귀가 사람들의 눈을 가리고 귀를 닫게 만든 겁니다. 그래서 인간은 어디서 와서, 무엇을 하고, 어디로 가는지 모릅니다. 이걸 철학의 3대 질문이라고 하는데, 사람의 근본을 제대로 모르는 겁니다.

인간이 루시엘의 유혹에 이기지 못하고 타락했습니다. 그리고 이 세상인 사탄의 나라에 속하게 됐습니다. 우주를 다른 말로 공중이라고 하는데, 사탄을 공중권세 잡은 자라고 합니다. 마귀가 이 세상의 권세를 잡았다는 겁니다. 아담의 나라가 타락하여 마귀의 나라의 속국이 된 겁니다. 그리고 사탄이 아담의 나라에서 세상 임금이 됐습니다. 심판이 이를 때 세상 임금이 쫓겨난다고 했습니다(요 12:13, 14:30). 세상 임금이 바로 사탄 마귀입니다. 천사의 나라에서 쫓겨난 마귀가 아담의 나라에 와서 임금이 되었습니다. 예수님도 마귀를 부를 때 늘 이 세상의 왕이라고 그랬습니다. 요한복음 16장 11절도 읽어봅시다.

"심판에 대하여라 함은 이 세상 임금이 심판을 받았음이니라"(요 16:11).

세상 임금이 심판을 받았다고 예수님이 말씀하셨습니다. 세상 임금이 바로 마귀입니다. 우리가 사는 이 세상이 마귀의 나라입니다. 아담이 사탄의 유혹에 빠져 타락하여 하나님께 범죄 함으로 이 세상이 준심판을 받았습니다. 아담의 나라에 마귀가 왕 노릇하며 사람들을 종으로 삼고 죄를 범하여 영원한 죽음에 이르게 하고 있습니다. 마귀가 다스리는 나라는 마귀의 문화가 지배하고 있습니다. 마귀의 문화 중 가장 나쁜 문화가 사망입니다. 죽음의 문화입니다. 죄의 삯은 사망이라고 성경에서 이야기한 것처럼 마귀의 나라에서는 모든 것이 죽습니다. 그런데 하나님이 창조하신 아담의 나라에서는 원래 안 죽게 되어 있었습니다. 타락하기 전에는 죽음이 없었습니다. 죽음은 타락한 이후에 생긴 겁니다. 타락으로 죽음의 저주를 받은 겁니다. **"저주를 이기자."** 아담의 타락으로 준심판을 받은 우리가 사는 사탄의 나라에, 마귀가 왕 노릇하고 있는 이 세상에 예수 그리스도가 오신 겁니다. 자신의 나라에 인간의 몸으로 하나님이 오니 마귀가 겁나는 겁니다. 벌벌 떠는 겁니다. 예수 그리스도의 이름으로 명하노니 사탄의 문화를 이길 수 있습니다. **"예수 이름으로 명하노니 사탄아, 사탄의 문화야! 물러가라."** 할렐루야.

아담의 죄와 전혀 상관없는 예수 그리스도가 아담의 죄를 대신 속죄하여 죽음의 문제를 해결한 겁니다. 죄가 없으신 깨끗하고 거룩하신 예수 그리스도를 붙잡으면, 마귀의 속국에서 해방될 수 있는 소망이 생긴 겁니다. 인간이 범한 죄, 죽음, 사망, 저주, 마귀의 왕국에서 누구든지 예수 그리스도를 붙잡기만 하면, 새로운 삶의 길이 생긴 겁니다. 할렐루야.

그러니까 예수님이 이 땅에 오셔서 십자가에 못 박혀 죽으신 것을 누구든지 믿고 받아들이기만 하면 죽음의 권세에서 해방되어 생명의 길로 갈 수 있다는 겁니다. 이걸 우리는 하나님의 은혜라고 말하는 겁니다. 우리가 이 세상에 태어난 것도 우리의 의지, 결단, 노력으로 이루진 것이 아닌 것처럼 구원의 이 은혜도 내 의지가 아닙니다. 우리는 구원의 길을 열어주신 이 은혜를 믿고 받아들이면 됩니다.

기도

"아담의 타락으로 이 세상이 사탄의 왕국으로 변했기에 이 땅에 태어난 우리 모두는 죄인임을 고백합니다. 사탄의 문화 속에서 거하며 정상적으로 살고 있다고 속이며 사망으로 이끌고 있다는 것을 깨닫게 하옵소서. 우리를 구원하시기 위해서 이 세상에 오신 예수님의 사랑을 깨닫게 하옵소서. 예수 그리스도의 이름으로 기도하옵나이다. 아멘."

08

/

둘째 세상 : 아담의 나라
예수 그리스도

요한복음 3장 16절
16하나님이 세상을 이처럼 사랑하사 독생자를 주셨으니 이는 저를 믿는 자마다 멸망치 않고 영생을 얻게 하려 하심이니라

누가복음 4장 18-19절
18주의 성령이 내게 임하셨으니 이는 가난한 자에게 복음을 전하게 하시려고 내게 기름을 부으시고 나를 보내사 포로 된 자에게 자유를, 눈먼 자에게 다시 보게 함을 전파하며 눌린 자를 자유케 하고 19주의 은혜의 해를 전파하게 하려 하심이라 하였더라

하나님이 **"첫째 세상은 천사를 중심으로, 둘째 세상은 아담을 중심으로, 셋째 세상은 메시아를 중심으로"** 창조하셨습니다. 첫

째 세상 천사의 나라에서 천사장이었던 루시엘이 타락하여 심판을 받습니다. 그리고 타락한 천사는 둘째 세상 아담의 나라에 와서 아담을 타락하게 하고, 왕 노릇하게 됐습니다. 왕이 됐다는 것은 아담의 나라를 **"완전히"** 정복했다는 겁니다. 아담의 나라가 사탄에 의해 완전히 오염된 겁니다. 이 세상이 전부 오염됐기 때문에 이 세상에 태어난 모든 존재는 사탄의 죄에 오염됩니다. 태어나기도 전에 사탄에게 이미 정복된 상태에서 태어난 겁니다. 그래서 온 인류는 죄를 떠나서 살 수 없는 겁니다. 죄를 먹고, 마시고, 눌려서 일평생 살다가 죽는 겁니다. 죄의 마지막 열매가 사망입니다.

죄의 삯은 **"사망"**입니다. 사망이라는 것은 육체적으로 죽은 것만 가리키지 않습니다. 마귀로부터 일어나는 모든 형상을 사망의 문화라고 그럽니다. 피곤한 것도 사망의 문화입니다. 전도하는 길을 막는 것도 사망의 문화입니다. 사망의 기운, 사망의 냄새, 사망의 영향권에 있는 모든 것들이 사망입니다. **"저주"** 또한 마찬가지입니다. 사탄의 지배를 받고 있는 이 세상에 있는 한 이것은 피할 수 없습니다. 아담의 타락으로 이미, 벌써 준심판 상태에 있어서 사탄의 정복하에 이 세상은 존재합니다.

사탄과 예수 그리스도

사탄의 지배에 있는 이 세상에서 깨끗한 것은 없습니다. 다 더

럽고 속된 겁니다. 하나님이 아담의 나라를 만든 이후에 외부로부터 온 존재가 있습니다. 바로 사탄과 예수 그리스도입니다. 요한복음 10장 10절을 읽어봅시다.

"도적이 오는 것은 도적질하고 죽이고 멸망시키려는 것뿐이요 내가 온 것은 양으로 생명을 얻게 하고 더 풍성히 얻게 하려는 것이라"(요 10:10).

이 성경구절을 보면, 두 명이 나옵니다. 먼저 **"도적"**입니다. 여기서 말하는 도적이 **"사탄"**입니다. 타락한 천사, 사탄, 루시퍼, 마귀 등 50여 가지 별명을 가진 도적입니다. 이 도적은 외부로부터 온 겁니다. 도적이 이 세상에 온 이유는 도적질하고 죽이고 멸망시키려는 것뿐입니다. 그리고 두 번째는 **"내가"**입니다. 여기서 나는 예수 그리스도를 말하는 겁니다. 예수님도 외부로부터 온 겁니다. 예수님이 온 것은 양으로 생명을 얻게 하고 더 풍성히 얻게 하려는 겁니다.

외부로부터 온 것은 도적과 예수입니다. 예수보다 도적이 먼저 에덴동산에 찾아왔습니다. 도적질하고 죽이고 멸망시키는 일을 했다는 겁니다. 타락한 천사가 아담의 나라에 와서 그렇게 했다는 겁니다. 이해가 되십니까? 이 세상은 그런 상태로 있었다는 겁니다. 그런데 예수 그리스도가 멸망당한 아담의 나라에 오셔서 생명을 얻게 하고 더 풍성히 얻게 하시기 위해서 오신 겁니다.

예수님이 이 세상에 오셔서 사망에서 생명을 얻게 하신 겁니다. 그런데 인간들은 '우리가 왜 죄인이냐? 사망이냐?' 하면서 예수를 받아들이지 않습니다. 아담의 타락으로 사탄의 나라가 된 이 세상에서 태어난 인간은 이전에 어떤 일이 일어났는지 모른 상태였기 때문에 아무 것도 모릅니다. 사탄의 나라에서 태어나면서 인간의 모든 것들이 죄로 물들여졌습니다. 이것을 신학자들이 전적부패, 전적타락이라고 합니다. 그런데, 사람들은 그것을 모릅니다. 죄로 가득한 상태로 태어났기 때문에 그것이 죄인지 모릅니다. 사탄에 의해서 온 인류가 속고 있는 겁니다.

사망의 상태에 있으면서도 그것이 사망인 줄 모르고 있는 인간들을 위해서 예수 그리스도가 이 세상에 오신 겁니다. 거룩한 것이 전혀 없는 이 세상에 거룩한 모습으로 오십니다. 그래서 이 세상에 거룩한 분은 오직 예수밖에 없습니다.

우리는 자기주장을 할 때가 많습니다. 그런데, 자기주장을 하는 것이 죄라는 것을 아십니까? 자기의 생각을 주장하는 게 왜 죄가 되는지 아십니까? 그건 바로 인간의 생각도 죄로 물들어 있기 때문입니다. 죄로 가득 찬 생각에서 나온 것이 죄입니다. 자기 생각이 맞다고 생각을 하면서 그것이 마치 정의롭고 깨끗한 줄 알지만, 사실 그것은 죄입니다. 사탄의 나라에 속한 모든 것은 사탄의 문화 속에 거하기 때문에 죄입니다. 죄가 되지 않는 것은 오직 예수 그리스도 밖에는 없습니다.

하나님의 정의, 말씀만이 깨끗합니다. 인간의 정의, 말은 깨끗하지 않습니다. 그런데 우리의 삶에서 하나님의 정의와 나의 정의가 부딪칠 때가 많습니다. 하나님의 정의와 나의 정의가 맞서는 겁니다. 하나님은 선, 나는 악이기에 무조건 하나님 앞에 두 손을 들어야 합니다. 아멘. 그런데 여러분, 삶에서는 그렇지 않잖습니까? 하나님과 내가 부딪칠 때 우리가 두 손을 들고 항복합니까? 아닙니다. 하나님을 눌러 이기려고 합니다. 내 생각이 옳다고 자기주장을 합니다. 왜냐하면, 사탄의 나라에서 사탄의 문화로 바라보면, 그것이 맞은 것처럼 보이기 때문입니다. 그것이 오염으로 변질된 나의 시각 때문에 그렇게 보이는 것뿐, 사실 참된 정의는 아닙니다.

이 세상을 지배하는 문화는 모두 사탄의 문화입니다. 사람과 사람의 관계에서 일어나는 모든 것이 다 포함됩니다. 일상, 행동, 말, 생각 등 사람이 살아가는 모든 관계에 일어나는 것이 문화입니다. 각 지역마다 다른 문화가 있지만, 이 문화들의 공통점은 바로 사탄의 문화 속에 있다는 겁니다. 온 인류는 사탄의 문화에 있기 때문에 악한 겁니다.

예수님은 새로운 세계에서 오셨습니다. 사탄의 문화 아래에 있지 않습니다. 그래서 죄가 없으십니다. 깨끗하십니다. 우리가 예수님처럼 거룩하고 깨끗해지려면, 나를 연단하고, 개조하는 것으로는 될 수 없습니다. 내 자신을 통제하고 거룩한 삶을 사는 것으로 예수님처럼 될 수 없습니다. 왜냐하면, 우리는 사탄의 지배 아래에 있기 때문입니다. 사탄의 문화 속에 있는 한 우리가 아무리 애를 써도 거룩하고 깨끗해질 수 없습니다. 우리의 노력으로 거룩한 척, 깨끗한 척은 할 수 있어도 내 근본이 거룩하고 깨끗해질 수는 없습니다.

내가 착하게 살고 의롭게 사는 것도 죄입니다. 그런 생각을 하는 것도 죄입니다. 인간에게서 나오는 모든 것이 다 죄입니다. 인간의 입장에서는 참 기가 막힌 겁니다. 착하고 의롭게 사는 걸 죄라고 하니까 말입니다. 이해도 안 되고, 화가 나기도 합니다. 하지만, 그것이 사실입니다.

예를 하나 들어보겠습니다. 충성스러운 것이 좋은 겁니까? 나쁜 겁니까? 좋은 겁니다. 그런데 그것이 북한에서 독재자에게 보이는 충성은 좋은 겁니까? 나쁜 겁니다. 사랑이라는 것도 좋은 겁니다. 그런데, 이미 결혼 사람을 사랑하는 건 좋은 겁니까? 나쁜 겁니다. 좋은 것이라고 다 좋은 것이 아닙니다. 어디에서 어떻게 쓰이느냐에 따라서 좋고 나쁜 것이 결정되는 겁니다.

사탄의 나라에서 이루어지는 것은 좋은 단어도 나쁘게 됩니다. 사탄이 죄로 오염시켰기 때문입니다. 의로운 것, 정의로운 것들도 죄로 오염됐기 때문에 타락한 겁니다. 그래서 우리는 거룩하신 하나님 앞에 나오면 무조건 "주여" 하고 두 손을 들어야 합니다. 우리 안에 있는 모든 것들 내려놓고 하나님의 의지, 말씀대로 살아야 합니다. 하나님 앞에 나오셨으면 '나'라는 것은 없어야 됩니다. '나'라는 자체가 사탄이 하나님께로부터 독립할 때 사용했던 겁니다. '나'를 하나님보다 앞세우는 겁니다. '나'라는 것이 아담의 나라로 와서 인간의 자아인 '나'가 생긴 겁니다. 오늘, 이 '나'를 내려놓아야 합니다. 그런데 교회 와서도 자꾸 자기주장하고 "내 생각, 내 말이 맞다"고 합니다. 그런 곳에는 사탄의 유혹과 속임수밖에 없습니다. 마치 모든 것이 옳다고 여기도록 하면서 사탄이 뒤에서 틀어쥐는 겁니다. 사탄에게 속는 줄 모르면서 자신이 의롭다고 여기는 겁니다.

과학이 발달하면서 '과학적', '이성적', '합리적'이라는 말을 많이 합니다. 흔히 공부를 잘하고 많이 하는 사람들이 똑똑한 척 하면서 이 말을 많이 합니다. 그런데 사람에게서 나오는 모든 것들은 이미 사탄화 되어 있는 겁니다. 그걸 모르고 잘난 척하는 겁니다. 우리가 사탄을 이길 수 있는 길은 자기의 주장을 내려놓아야 합니다. 과학적, 이성적, 합리적 주장을 내려놓아야 합니다. 지금까지 자기가 믿고 있었던 이것을 내려놓는 게 자존심이 상하고 멍청한 것 같지만, 아닙니다. 그것을 내려놓아야 사탄의 손아귀에서 벗어날 수 있는 겁니다. 하나님 앞에서 모든 것을 내려놓고 하나님의 의지, 말씀을 받아들여야 합니다. 그게 우리가 생명으로 가는 길입니다. 예수 앞으로 가는 길이 생명으로 향하는 길입니다. 아멘.

하나님이 만드신 아담의 나라는 하나님께 축복을 받았습니다. 그런데 아담의 나라에 없는 사탄 마귀인 도적이 와서 이 세상을 도적질하고 죽이고 멸망을 시킵니다. 아담의 타락으로 이 세상이 사탄의 나라가 됐습니다. 그래서 사탄의 나라에서 태어난 인간을 포함한 모든 피조물은 사탄에 의해서 죄로 오염됐습니다. 이곳에는 새로운 것이 없습니다. 존재 그 자체가 죄입니다. 아담의 나라는 사탄의 나라로 모두 죄의 삯인 사망에 이르게 된 겁니다.

이런 타락한 세상에 외부로부터 예수 그리스도가 옵니다. 죄로 가득한 이 세상에서 온 것이 아니라 거룩하고 깨끗한 곳에서 오신 겁니다. 그래서 이 세상에는 예수만이 새로운 겁니다. 예수만이 거룩합니다. 예수가 타락한 사탄의 나라에 온 이유는 타락한 인간들이 죽음에서 생명을 얻게 하고 더 풍성함을 더하게 하기 위해서입니다. 예수 그리스도는 이 일을 하기 위해서 십자가에서 죽으신 겁니다.

사탄은 아담의 나라에 몰래 침투해서 아담을 타락시킵니다. 외부에서 들어와서 아담의 나라를 사탄의 왕국으로 만들고 왕 노릇하고 있습니다. 그런데 자신의 권세 아래 있는 이 세상에 외부에서 예수님이 온다는 겁니다. 그래서 마귀는 이 땅에 예수님이 못오게 하려고 별짓을 다했습니다. 예수님이 오시는 그 혈통이 유대인인데, 모세 시대 때 이집트 바로 왕을 통해 "남자는 다 죽이라"라고 했습니다. 혈통을 끊으려고 그런 겁니다. 아하수에로 왕시대 때도 "유대인은 다 죽이라"라고 그랬습니다. 바벨론에서 다니엘 시대에도 "유대인 다 죽이라"라고 했습니다. 이렇게 유대인들이 고난을 당한 겁니다. 예수님의 주권 안에서 마귀가 노는 겁니다. 하나님이 마귀한테 잠정적으로 허용한 겁니다. 이걸 '**허용**

작정'이라고 그럽니다. '허용작정'은 잠정적으로 마귀한테 "마귀야, 그래 네가 그래 좀 가지고 놀아라" 하고 그냥 넘겨준 겁니다.

마귀는 예수님이 이 땅에 오시는 것이 그렇게 겁난 겁니다. 예수는 유대인 계통으로, 아브라함의 후손으로 오게 돼 있단 말입니다. 아브라함의 후손들이 고난을 많이 당한 겁니다. 사탄이 막는 겁니다. 마귀가 이 세상의 임금이 된 것도 자기 맘대로 하는 게 아닙니다. 하나님의 허용 범위 안에서 마음대로 하는 겁니다.

하나님이 사탄의 모든 계획과 행동을 완전히 모르고 있는 게 아닙니다. 하나님은 인간과 사탄의 관계를 유심히 보고 계십니다. 여러분은 구약성경의 욥을 잘 알고 있을 겁니다. 욥을 시험하려고 했던 사탄에게 하나님이 허락합니다. 사탄이 자기 마음대로 욥을 시험하는 것 같지만, 하나님의 승인이 있었습니다. 그리고 사탄이 어떻게 욥을 시험하는지, 욥은 사탄의 시험을 어떻게 대처하는지 잘 보고 있습니다. 사탄은 욥이 죄를 짓고 하나님을 원망하거나 하나님의 품을 떠나도록 온갖 시험을 다 행하는데, 이 모든 것을 하나님께서 허용하셨고 보고 계셨습니다.

사망의 그늘에 우리가 있지만, 이것 또한 하나님이 허용하셨고 지켜보고 계십니다. 그리고 사망의 그늘에서 벗어날 수 있는 길을 열어주셨습니다. 우리가 예수 붙잡고 예수의 이름으로 사탄을 향해 "사탄아! 물러가라!" 이렇게 선포하면, 죄도 이기고, 사탄도 이겨낼 수 있습니다. 사탄의 그늘에서 사망의 늪에 빠진 우리가 예수의 이름으로 구원을 받는다는 말입니다.

　그런데 마귀가 예수님하고 협상을 벌입니다. 그리고 예수님을 시험합니다. **"만유회복"**은 그리스도를 뜻합니다. 타락했던 만유를 회복하는 것, 그것이 바로 예수 그리스도입니다. 마귀의 유혹은 예수님에게 통하지 않습니다. 마귀가 거짓말을 하고 있다는 것을 예수님이 알기 때문입니다. 첫 사람 아담은 선악과를 따먹은 아담이고, 마지막 아담은 예수님을 의미합니다. 성경은 아담과 예수님을 대조시킵니다. 예수님은 첫째 아담이 무너뜨린 모든 것을 회복시켜주실 분입니다.

　그런데 왜 예수님을 마지막 아담이라고 부를까요? 단어 사이에는 깊은 비밀이 있습니다. 만약 예수님을 둘째 아담이라고 부르면, 뒤에 셋째 또 넷째 아담이 계속 나올 가능성이 있습니다. 하지만 첫째 아담의 문제를 해결할 아담은 예수님밖에 없다는 것을 강조하기 위해 마지막 아담이라고 부르는 겁니다. 예수님 외에는 다른 대안이 없다는 겁니다. 이후에는 다른 끝이라는 말입니다. 마귀가 아담의 나라의 첫째 아담을 속인 것처럼 예수님을 속이지만, 마지막 아담이신 예수님은 마귀의 거짓말에 속지 않습니다. 첫째 아담이가 실수한 모든 것을 원상으로 돌린다는 의미가 있습니다. 원래 존재했던 만유를 회복이란 말입니다. 할렐루야.

은혜의 언약

사탄의 죄와 아담의 죄가 다릅니다. 사탄은 본인 스스로 하나님의 보좌를 찬탈하려고 했지만, 아담은 사탄의 유혹으로 죄를 지었습니다. 그래서 하나님은 사탄에게는 회개할 기회를 주지 않으시지만, 아담에게는 회개할 기회를 주셨습니다.

이 땅에 내려오시기 전부터 예수님은 하나님과 자신이 십자가에서 이렇게 죽으니까 누구든지 이 사실을 받아들이면, 죄를 용서해주고 사탄의 영향권에서부터 해방시켜 줄 것을 약속받고 우리에게 오신 것입니다. 이것을 신학적으로 가리켜 **'은혜의 언약'**이라고 합니다.

누가복음 4장 18-19절과 요한복음 3장 16절을 읽어봅시다.

"주의 성령이 내게 임하셨으니 이는 가난한 자에게 복음을 전하게 하시려고 내게 기름을 부으시고 나를 보내사 포로 된 자에게 자유를, 눈먼 자에게 다시 보게 함을 전파하며 눌린 자를 자유케 하고 주의 은혜의 해를 전파하게 하려 하심이라 하였더라"(눅 4:18-19).

"하나님이 세상을 이처럼 사랑하사 독생자를 주셨으니 이는 저를 믿는 자마다 멸망치 않고 영생을 얻게 하려 하심이니라"(요3:16).

"내게 기름을 부으시고." 이건 지금부터 내가 메시아 사역을 시작하겠다는 말씀입니다. 이 땅에 온 그 일을 지금부터 시작하겠다는 말입니다. 그리고 첫 번째 하신 말씀이 포로 된 자에게 자유를 준다고 했습니다. 누구에게 포로로 잡혀 있는 겁니까? 바로 마귀에게 포로로 잡혀있는 겁니다. 마귀가 인간을 다 포로 잡고 있는데, 인간은 그 사실을 모릅니다. 사탄에게 포로 된 줄도 모르고 자기 잘난 맛에 살고 있습니다. 이 세상이 다 마귀에게 이미 포로 된 상태인데 아무 것도 모릅니다. 예수님이 포로 된 자에게 자유를 주려고 왔습니다. 그냥 입으로 주님이 이 땅에 와서 십자가를 지은 것을 인정하면 자유함을 받습니다. 그런데 정말 많은 사람들이 그걸 못 합니다. 자신의 소유권을 예수님께 드리면 되는데, 그걸 움켜쥐고 있습니다. 그런데 사실 자신의 소유권이라고 쥐고 있는 것도 자신의 것이 아닙니다. 마귀의 겁니다. 우리의 것이라고 마귀에게 속고 있는 겁니다. 예수님을 나의 구세주로 입으로 고백하면 포로 된 내게 자유가 주어집니다. 마귀에게 있던 소유권이 예수님께 넘어갑니다. 입으로 주여만 부르면 됩니다. **"주여."** 그러면 사탄이 소유권을 예수님에게 넘겨준다는 겁니다.

그리고 눈먼 자를 보게 하신다고 했는데, 이건 육신의 눈이 아니고 영의 눈입니다. 영적으로 소경이 된 자들을 말하는데, 만유 회복의 말씀을 제대로 보지 못한 사람은 영적으로 소경입니다. 인간이 왜 태어나는지, 언제부터 이런 세상이 있었는지, 죽음은 어떻게 되는지 모르는 사람을 소경이라는 겁니다. 예수님이 오셔서 우리에게 영의 눈을 뜨게 해 준 겁니다.

그리고 눌린 자를 자유케 하신다고 했습니다. 마귀에게 눌려 있는 인간을 자유케 하신다는 겁니다. 마귀에게 눌려 있기에 인간의 육신은 어두움과 질병과 온갖 아픔이 있는 겁니다. 그걸 자유하게 하신다는 겁니다. **"영육 간의 눌림으로부터 자유함을 얻자."** 아멘.

예수님이 하나님의 보좌에 계속 계시면 되는데, 사람의 몸으로 마리아 뱃속에서 계시다가 이 땅에 오시고, 30년 동안 잠잠히 계신 이유를 말씀하고 계시는 겁니다.

"내가 하나님 보좌에 있고 싶지만, 마귀에게 포로로 잡혀 있는 너희를 자유하게 하기 위해서 왔다. 너희들이 마귀에게 눈이 멀어서 도대체 인간이 어디서부터 시작돼서 어디로 끝나는지 모르고 있기에 그걸 가르쳐 주려고 왔다. 너희들이 이 땅에 살면서 마귀의 눌림 상태에 있기에 자유하게 하기 위해서 왔다."

이것을 합해서 예수님은 은혜의 해를 전파한다고 했습니다. 누가복음 4장 19절을 다시 읽어봅시다.

"주의 은혜의 해를 전파하게 하려 하심이라"(눅 4:19).

주의 **"은혜의 해"**는 구약에서 이야기하는 희년을 말합니다. 희년은 50년마다 찾아옵니다. 구약시대에 희년이 되면 모든 사람이 처음 때로 다 돌려줘야 합니다. 원상회복입니다. 그걸 은혜의 해라고 말합니다. 남한테 샀던 땅들을 전부 첫 주인에게 돌려주는 겁니다. 그렇게 회복하는 겁니다. 그러니까 은혜의 해가 오기를 기다리는 겁니다. 돈이 없어서 땅을 판 사람, 남의 집에 종으로 팔려간 사람, 머슴살이하는 사람 등 사회적 약자들이 50년을 기다립니다. 은혜의 해가 오기를 기다립니다. 희년은 구약에 모든 걸 해방시키는 해입니다. 이스라엘은 희년이 되면, 땅도 다 돌려주고, 종도 다 돌려주고, 다 풀어주는 겁니다. 그래서 희년은 축제입니다. 예수님이 오신 것이 바로 은혜의 해, 희년이라고 말한 겁니다. 그러니까 구약시대에서 말하는 희년은 바로 이 땅에 오시는 예수님을 상징적으로 말한 겁니다. 주의 은혜의 해가 전파됨으로 마귀의 종으로 살아가고 있는 사람들이 그 이전의 상태, 아담의 나라를 창조할 때의 상태로 돌이키게 된다는 겁니다. **"내가 너희에게 희년을 선포하러 왔다."** 이 선포는 **"내가 너희를 아담의 나라를 창조할 때 그 상태로 회복시키러 왔다"**라는 걸 의미합니다.

매 주일이 희년이 되어야 합니다. 회복의 잔치가 일어나야 됩니다. 마귀에게 포로로 잡혀서 종 노릇 하던 우리가 자유하게 되어 하나님의 자녀가 되는 날입니다. 마귀의 속임수로 영적의 눈이 닫혀 우리의 근원을 보지 못했던 것을 보게 되는 날입니다. 마귀의 짓눌림에 고통 속에 있던 우리가 자유하게 되는 날입니다.

복음의 7대 연합

요한복음 3장 16절을 읽어봅시다.

"하나님이 세상을 이처럼 사랑하사 독생자를 주셨으니 이는 저를 믿는 자마다 멸망치 않고 영생을 얻게 하려 하심이니라"(요 3:16).

예수님이 이 땅에 오신 이유가 나의 죄 때문입니다. 이 사실을 고백하고 믿음으로 우리가 회복되는 겁니다. 내가 지은 모든 죄를 예수님에게 넘기는 겁니다. 사람이 지옥에 가는 이유는 죄를 많이 지어서가 아니라, '제가 지은 모든 죄를 예수님이 지어주세요'라는 말 한 마디를 하지 못하는 자존심 때문입니다.

복음의 7대 연합이라는 것이 있습니다. 복음이 전하는 7가지를 인정하라는 겁니다. 성경의 99%는 예수 그리스도를 설명하기 위한 내용입니다. 성경은 도덕, 윤리, 스트레스 해소법 등이 중심이 된 내용이 아닙니다. 그것은 전부 양념일 뿐이지, 성경의 근본 주제는 오직 예수 그리스도입니다(요 5:39). **"탄생", "고난", "죽음", "부활", "승천", "재림", "천년왕국"**입니다. **"탄생"**은 예수가 하나님으로서 사람의 옷을 입고 이 세상에 온 것(탄생)을 알라는 겁니다. 이걸 받아들이라는 겁니다. 예수가 이 땅에 와서 **"고난"**을 받는 것은 예수님 때문이 아니라 우리 때문에, 나 때문에 고난당했다는 것을 인정하라는 겁니다. **"죽음"**은 예수가 십자가의 죽은 것이 예수님의 죄 때문에 죽은 것이 아니라 바로 저와 여러분의 죄 때문에 죽었다는 것을 받아들이라는 겁니다. 그다음에 **"부활"**은 십자가에서 죽은 예수가 3일 만에 부활한 것을 알라는 겁니다. **"승천"**은 부활하신 예수님이 승천하여 하나님의 보좌 우편에서 우리를 위하여 지금도 저와 여러분을 위해 기도하고 있다는 것을 알라는 겁니다. **"재림"**은 언젠가 예수님께서 이 땅에 재림하실 것이라는 것을 믿으라는 겁니다. 예수님이 재림하실 때 예수를 그리스도로 믿는 자들의 모든 죄를 예수님에게로 넘긴다는 것을 믿으라는 겁니다. 그리고 재림하신 예수님이 인간들의 영혼들을 데리고 메시아의 나라에 임하게 하는 것이 바로 **"천년왕국"**이라는 겁니다. 할렐루야.

하나님이 아담에게 이 세상의 모든 것을 주었을 때, 아담의 타락으로 무너지기 전의 세상으로 회복시키신 것이 바로 천년왕국입니다. 이걸 믿지 못한 것은 우리가 경험하지 못했기 때문입니다. 하지만 우리가 경험하지 못했다고 그것이 진리가 아닌 것은 아닙니다. 우리나라의 사계절은 봄, 여름, 가을, 겨울로 되어 있습니다. 그런데 사계절이 없는 적도 근처의 나라에서는 겨울이라는 계절을 모릅니다. 그 나라에는 겨울을 경험한 적이 없기 때문입니다. 하지만 겨울이라는 계절이 없는 것은 아닙니다. 이와 같이 우리가 하나님 나라를 경험하지 않았기 때문에 하나님 나라가 없다고 말할 수 없는 겁니다.

"여러분이 사람이 죽었다가 어떻게 부활해서 승천하고 재림을 할 수 있어"라고 이야기할 수 있을지 모릅니다. 하나님이 천사를 중심으로 첫째 세상을 만드시고, 아담을 중심으로 둘째 세상을 만드시고, 메시아를 중심으로 셋째 세상을 만드셨다는 것을 우리의 생각으로, 이성으로 믿지 못하는 것이 당연할 수도 있습니다. 왜냐하면 우리가 직접 경험하지 못했기 때문입니다. 그런데 여러분, 우리가 경험하지 못했어도 일어나지 않는 것은 아닙니다. 분명히 일어난 사실이고, 일어날 일입니다.

"사람으로 오신 예수", "고난의 예수", "죽음의 예수", "부활의 예수", "승천의 예수", "재림의 예수", "천년왕국의 예수"로 오셔서 이 땅에 하나님의 나라를, 메시아의 나라를 이루십니다. 이 7가지를 받아들인다면, 이 모든 것을 십자가로 이루셨다는 것을 받아들인다면 그것이 바로 예수를 믿는다는 뜻입니다. 우리가 믿는다는 것은 신앙고백으로 사도신경을 고백하는데, 그 안에 이 7가지가 다 들어가 있습니다. 우리가 '주여'할 때 7가지를 다 포함하고 '주여'를 부르는 겁니다. 그냥 '주여' 하고 부르는 것이 아닙니다.

"주여, 사람으로 예수님이 온 것을 믿습니다." "주여, 나를 위해서 대신 고난을 당하심을 믿습니다." "주여, 나를 위해서 십자가의 죽으심을 믿습니다." "주여, 나를 위하여 부활하심을 믿습니다." "주여, 하늘나라로 승천하여 계셔서 지금도 나를 위해서 기도함을 믿습니다." "주여, 언젠가는 주님 이 땅에 다시 재림하여 올 줄 믿습니다." "주여, 이 땅에 오셔서 메시아의 나라를 이룰 줄 믿습니다."

우리의 신앙고백과 함께 예수를 믿는다는 것은 성찬식으로 나타납니다. 성찬식은 떡과 포도주를 마시는 것에서 그치지 않습니다. 성찬식으로 예수 그리스도를 나의 구세주로 고백하는 겁니다. 성찬식을 하면서 행위의 고백이 이루어지는 겁니다. 그때 마귀의 어둠에서 벗어나는 겁니다. 마귀의 손에서 벗어나는 겁니다.

그래서 성찬식에 참여하는 사람들은 예수 그리스도를 구세주로 고백하며 선포하는 자들만 참여할 수 있습니다. 나는 도저히 그것이 안 믿어진다 하는 사람들은 믿어질 때까지 성찬식을 보류해야 합니다. 성찬식에 아무 생각 없이 참여하면 안 됩니다. 성경에 보면 성찬식의 뜻을 모르고 하는 사람은 하나님 앞에 징계를 받는다고 했습니다. 성찬의 권위를 무시하면 안 됩니다. 고린도전서 11장 23-34절을 읽어봅시다.

"내가 너희에게 전한 것은 주께 받은 것이니 곧 주 예수께서 잡히시던 밤에 떡을 가지사 축사하시고 떼어 가라사대 이것은 너희를 위하는 내 몸이니 이것을 행하여 나를 기념하라 하시고 식후에 또한 이와 같이 잔을 가지시고 가라사대 이 잔은 내 피로 세운 새 언약이니 이것을 행하여 마실 때마다 나를 기념하라 하셨으니 너희가 이 떡을 먹으며 이 잔을 마실 때마다 주의 죽으심을 오실 때까지 전하는 것이니라 그러므로 누구든지 주의 떡이나 잔을 합당치 않게 먹고 마시는 자는 주의 몸과 피를 범하는 죄가 있느니라 사람이 자기를 살피고 그 후에야 이 떡을 먹고 이 잔을 마실찌니 주의 몸을 분변치 못하고 먹고 마시는 자는 자기의 죄를 먹고 마시는 것이니라 이러므로 너희 중에 약한 자와 병든 자가 많고 잠자는 자도 적지 아니하니 우리가 우리를 살폈으면 판단을 받지 아니하려니와 우리가 판단을 받는 것은 주께 징계를 받는 것이니 이는 우리로 세상과 함께 죄 정함을 받지 않게 하려 하심이라 그런즉 내 형제들아 먹으러 모일 때에 서로 기다리라 만일 누구든지 시장하거든 집에서 먹을찌니 이는 너희의 판단 받는 모임이 되지 않게 하려함이라 그 남은 것은 내가 언제든지 갈 때에 귀정하리라"(고전 11:23-34).

이 성경구절은 사도 바울이 성찬식에 대한 설명을 해준 겁니다. 사도 바울은 원래 예수님이 육신으로 이 땅에 계실 때 예수님을 믿지 않았습니다. 예수님의 12제자와 달리 예수님이 부활하시고 승천하신 후에 믿었습니다. 성찬식은 예수님이 잡히시기 전날 밤에 열두 제자를 데리고 성찬식을 하셨습니다. 그리고 내가 죽은 뒤에도 너희들은 꼭 성찬식을 해서 나를 기념하라고 하셨습니다. 이 말을 할 때 사도 바울은 없었습니다.

그런데 사도 바울은 성찬식에 대한 것을 주님께 받았다고 합니다. 다메섹 도상으로 가다가 예수님을 믿게 된 사도 바울은 성찬식 하는 방법을 몰랐습니다. 성찬 제도를 몰랐던 겁니다. 그런데 어느 날 환상 중에 주님이 나타나서 너는 가는 곳마다 성찬식을 하라고 하신 겁니다. 가는 곳마다 성찬식을 하라고 하셨습니다. 성찬식을 하면 마귀의 나라가 무너지고 사탄의 그늘이 물러갑니다. 병이 고쳐집니다. 죄가 용서됩니다.

고린도전서 11장 28절을 다시 읽어봅시다.

"사람이 자기를 살피고 그 후에야 이 떡을 먹고 이 잔을 마실찌니"(고전 11:28).

여기에서 "사람이 자기를 살피고"라는 말은 목욕을 깨끗이 했느냐, 세수를 깨끗이 했느냐 하는 것이 아닙니다. 예수 그리스도의 7대 복음을 알고 있느냐는 겁니다. 성찬은 예수 그리스도의 7대 복음을 받아들이고 믿는다는 고백입니다. 그래서 이 사실을 알고 있는지 잘 살펴보라고 하신 겁니다. 7가지 사실을 믿고 떡을 먹고 잔을 마시는 겁니다. 이 사실을 모르고 믿지 못하면 성찬식에 참여하면 안 됩니다. 그래서 세례를 받지 않는 사람을 참여하지 못하게 하는 겁니다.

고린도전서 11장 29-30절을 읽어봅시다.

"주의 몸을 분변치 못하고 먹고 마시는 자는 자기의 죄를 먹고 마시는 것이니라 이러므로 너희 중에 약한 자와 병든 자가 많고 잠자는 자도 적지 아니하니"(고전 11:29-30).

성찬에 경거망동하게 참여하면 주님이 벌했다는 겁니다. 성찬의 의미를 알고 그에 합당한 자가 참여해야 하는 겁니다.

사탄의 시험

이 책을 읽는 여러분은 축복받은 겁니다. 예수 그리스도가 이 땅에 온 이유를 알게 된 것으로 구원에 이르는 길에 갈수 있기 때문입니다. 예수가 이 세상에 올 때는 사람들이 전혀 몰랐습니다. 이 세상의 임금인 마귀만 예수님을 알아봤습니다. 마귀는 영이기 때문에 영이신 예수님의 존재를 알게 된 겁니다. 예수님은 이 세상을 창조하신 분이십니다. 이 세상을 창조하신 분이 마리아의 몸을 빌려서 사람의 형상으로 이 세상에 오신 겁니다. 이렇게 말하면, 어떤 분은 "아니, 말씀 한 마디로 천지를 창조했다고 했는데, 그냥 나타나서 인간을 구원하지 왜 어렵게 마리아의 몸을 빌려서 사람의 형상으로 오신 거냐?" 하고 물을 수 있습니다. 이렇게 묻는 사람은 어린아이와 같은 사람입니다.

이것은 하나님의 속성 중 공의에 대한 이야기입니다. 쉽게 이야기를 해보겠습니다. 여러분의 자녀가 골목길에서 야구를 하다가 혹은 놀다가 남의 집 창문을 깨트리거나 자동차에 흠집을 냈다고 합시다. 주인이 와서 여러분의 자녀를 붙잡고 여러분을 불렀습니다. 이때 여러분은 어떻게 하겠습니까? 왜 우리 아이를 붙잡고 있냐고 하고 싸워서 데리고 갑니까? 아닙니다. 죄송하다고 이야기하고, 집주인이나 차주인에게 변상을 해줘야죠. 그냥 데리고 가는 건 법적으로 문제가 있는 겁니다. 주인이 고소하면 법원에서 변상하라고 할 겁니다. 하나님의 공의가 바로 이와 같은 겁니다. 하나님이 힘이 없어서 예수 그리스도를 이 땅에 보내신 것이 아닙니다. 하나님의 공의 때문입니다. 인간이 범죄 한 그 죄에 대한 값을 지불해야 하기 때문에 그걸 감당하려고 예수 그리스도가 이 땅에 오신 겁니다. 죄에 대한 값은 피 흘림이기에 예수님이 십자가에 못 박혀 피를 흘려 죽으신 겁니다. 할렐루야.

예수 그리스도가 이 세상에 오신 이유가 바로 죄에 대한 값을 대신 지시기 위함인 것을 마귀가 알았습니다. 그래서 마귀는 예수가 구속의 사건이 일어나지 못하도록 합니다. 누가복음 4장 1-7절을 읽어봅시다.

"예수께서 성령의 충만함을 입어 요단강에서 돌아오사 광야에서 사십일 동안 성령에게 이끌리시며 마귀에게 시험을 받으시더라 이 모든 날에 아무 것도 잡수시지 아니하시니 날 수가 다하매 주리신지라 마귀가 가로되 네가 만일 하나님의 아들이어든 이 돌들에게 명하여 떡덩이가 되게 하라 예수께서 대답하시되 기록하기를 사람이 떡으로만 살 것이 아니라 하였느니라 마귀가 또 예수를 이끌고 올라가서 순식간에 천하 만국을 보이며 가로되 이 모든 권세와 그 영광을 내가 네게 주리라 이것은 내게 넘겨준 것이므로 나의 원하는 자에게 주노라 그러므로 네가 만일 내게 절하면 다 네 것이 되리라"(눅 4:1-7).

여기 5절을 보시면, 마귀가 예수를 이끌고 올라가서 순식간에 뭘 보여준다고 합니까? 천하만국을 보여줬다고 했습니다. 이 세상의 모든 하늘과 땅을 보여 준 겁니다. 하나님 빼고 이 세상의 모든 것을 천하만국이라고 합니다. 인간은 볼 수 없지만, 예수님과 마귀는 영이기에 온 우주를 순식간에 봤다는 겁니다. 마귀는 천하만국을 보여주면서 협상합니다. 이 세상이 지금 다 마귀의 지배하에 있는데, 그걸 준다는 겁니다.

"예수야, 네가 이 세상에 온 거랑 이 세상에 온 이유를 아무도 모르고 있어. 사람들은 눈치를 못 채고 있다고. 그런데 네가 이 세상에 왜 왔는지를 나는 알아. 내가 아담을 유혹하여 넘어뜨리고 아담의 나라를 빼앗아 이 세상에 임금이 되었는데, 이것을 네가 구원하려고 온 줄 알고 있다고. 가만 보니까 네가 그걸 하기 위하여 십자가에 못 박혀 죽으라 그러는 거 같아. 너 창조주 하나님이 돼 가지고, 능력도 있으면서 십자가에 못 박으려고 그래? 힘들게 그러지 말고 지금 나한테 한 번만 절하면 이 모든 걸 다 너에게 돌려줄게."

순식간에 천하만국의 모든 권세와 그 영광을 준다고 했습니다. 마귀는 이것은 나에게 넘겨준 것인데, 그걸 내가 원하는 자에게 돌려준다는 말입니다. 마귀가 나에게 넘겨줬다고 했는데, 그걸 넘겨받은 시기가 바로 아담과 하와가 선악을 알게 하는 나무의 열매를 먹었을 때입니다. 그러니까, 선악과를 따 먹은 사건이 단순한 사건이 아닌 겁니다. 아담의 나라가 타락해서 모든 것이 마귀의 손으로 넘어간 겁니다.

베드로후서 2장 19절을 읽어봅시다.

"저희에게 자유를 준다 하여도 자기는 멸망의 종들이니 누구든지 진 자는 이긴 자의 종이 됨이니라"(벧후 2:19).

원수 마귀 사탄한테 아담이 졌단 말입니다. 아담이 져서 하나님이 아담에게 준 모든 것이 다 넘어간 겁니다. 그걸 지금 마귀가 당당하게 자기 권리를 주장한 겁니다. "내가 이 세상 임금이 되었는데, 내가 돌려줄게." 마귀는 그걸 가지고 예수님에게 협상을 한 겁니다. 절 한 번만 하면 그때 받았던 모든 권세와 영광을 준다고 말입니다. 그런데 마귀의 이 말에는 함정이 숨어 있습니다. 거짓말로 제3의 선악과를 먹게 하는 겁니다.

사탄이 천하만국을 보여주면서 예수님의 십자가 죽음을 막으려고 했던 이유는 무엇일까요? 십자가는 단순히 인간의 영혼만을 구원하는 것으로 끝나는 것이 아니라, 그 구원의 범위가 천하만국도 포함한다는 것을 알았기 때문입니다(롬 8:19). 예수님이 십자가에 죽으셔서 인류의 죄를 대속하심으로 첫째, 하나님이 아담의 시대부터 약속하신 언약이 이루어집니다(창 3:15). 둘째, 인간의 영혼에 대한 소유권이 사탄에게서 예수님에게로 넘어갑니다(요 1:12). 셋째, 인간이 사탄에게 빼앗긴 천하만국이 예수님에게로 돌아갑니다(롬 8:19). 이 모든 것을 '**만유회복**'이라고 합니다.

십자가의 구원 범위는 인간의 영혼만 구원하는 것이 아니라, 만유(하나님을 뺀 모든 것)를 다스리는 권한이 예수님을 통해 다시 인간에게 돌아오는 겁니다. 이것을 사탄이 알고 아담을 속인 것처럼 예수님을 속이려고 했던 겁니다.

아담은 마귀의 거짓말에 유혹되어 속아 넘어갔지만, 예수님은 마귀의 속내를 그 누구보다 잘 알고 있었습니다. 그래서 예수님은 **"사탄아 물러가라"** 하고 말씀합니다. "내가 네 말처럼 아담이 타락해서 이 모든 세상을 잃어버렸고, 그것을 인간들에게 다시 회복시키려고 온 것은 사실이다. 하지만, 내가 너에게 절을 하면서 구걸하여 찾지는 않겠다. 나는 당당히 인간이 지은 모든 죗값을 감당하기 위해 내가 인간들 대신 십자가에서 피를 흘리겠다. 내가 고난을 당하고 당당하게 회복시키겠다. 원수 마귀 너에게 절하면서 찾지 않겠다."

여러분 아무리 좋은 것일지라도 마귀한테는 받지 마시기 바랍니다. 마귀는 주는 척하면서 나중에 인간을 죽이는 존재입니다. 아무리 여러분이 병이 낫는다 해도 무당한테는 병 고치지 마시기 바랍니다. 절대 속으면 안 됩니다. 마귀는 준다고 해놓고, 나중에 죽입니다. 마귀한테 속으면 안 됩니다. 단호하게 이야기 합시다. **"사탄아! 물러가라!"**

예수님은 마귀에게 이야기합니다. "나는 당당히 십자가에 못 박혀 죽어서 내가 내 공의를 채우겠다." 아멘. 예수님이 스스로 십자가에 피 흘려 스스로 죽어서 죄의 값을 치루신다는 겁니다. "나는 죽을 권세도 있고 얻을 권세도 있다." 예수님의 십자가에 피 흘려 죽어서 당당히 그 핏값을 지불하고, 예수님의 공의를 스스로 세우신 겁니다. "마귀 너를 합법적으로 쫓아낸다." 이렇게 말씀하고 계십니다. 예수님이 마귀의 속임수에 넘어가지 않았습니다.

예수님은 거짓말하는 마귀를 향해서 반론을 제기하지 않았습니다. 아담과 하와가 선악과를 따먹을 때 이 세상의 주권이 마귀에게 넘어간 것은 하나님이 허용한 작정입니다. 하나님이 마귀한테 넘겨준 것은 사실이지만, 예수님이 아담의 나라를 당당히 십자가에 못 박혀 죽어서 찾겠다는 겁니다.

예수님의 말씀에 따르면, 아담의 나라는 아담의 타락으로 심판을 받아 마귀의 왕국으로 되어버린 겁니다. 그러니까 이 땅에 있는 모든 부정적인 문화는 사탄의 지배하에 있는 사탄의 문화입니다. 사탄이 아담의 나라를 재패해서 세상의 임금이 된 것을 알고 있다는 겁니다. 그로 인해 인간이 타락을 회복하지 못하고 죽으면, 마귀의 영역에서 벗어날 수 없는 겁니다. 사탄의 왕국인 이 세상에서 사탄의 문화를 먹고 마시며 살고 있는 겁니다. 인간이 구원에 이르는 길이 없습니다. 이 세상에 사는 동안 직간접적으로 사탄의 죄에 감염이 되는 겁니다. 그런데, 예수님이 이 세상에 오시면서 마귀의 지배에서 벗어날 수 있는 길이 생긴 겁니다. 죽음의 길에서 벗어나 아담의 나라로 회복할 수 있는 길이 생긴 겁니다.

예수님이 이 땅에 오셔서 십자가에 못 박혀 죽으면서 인간들에게 이런 말을 하는 겁니다. "인간들아, 봐라! 사람들아 내가 너희들을 사랑한다. 너희의 조상 아담이 타락하여 마귀에게 아담의 나라를 다 빼앗겨 버렸다. 그때 너희들은 그 자리에 없었어. 너희들 좀 억울하지 않냐. 아담이 사람의 대표성으로 그 죄가 모든 인간에게 영향력을 줘서 너희 인간들은 죄의 삯으로 사망에 이르게 된 거 좀 억울하지. 그래서 다시 한 번 너에게 선택할 기회를 주기 위해서 내가 대표성을 가지고 그 모든 죄의 삯을 감당하기로 했어. 이제 나를 믿으면, 다시 회복될 수 있어."

예수님은 사망의 배에서 생명의 배로 갈아탈 기회를 주신 겁니다. 예수님을 붙잡으라는 겁니다. 누구든지 예수를 믿기만 하면, 곧바로 내 소속이 마귀의 종에서 하나님의 자녀로 바뀌는 겁니다.

09

/

셋째 세상 : 메시아의 나라
이기는 자(4대 이김)

이사야 11장 6-9절

⁶그 때에 이리가 어린 양과 함께 거하며 표범이 어린 염소와 함께 누우며 송아지와 어린 사자와 살찐 짐승이 함께 있어 어린 아이에게 끌리며 ⁷암소와 곰이 함께 먹으며 그것들의 새끼가 함께 엎드리며 사자가 소처럼 풀을 먹을 것이며 ⁸젖먹는 아이가 독사의 구멍에서 장난하며 젖뗀 어린 아이가 독사의 굴에 손을 넣을 것이라 ⁹나의 거룩한 산 모든 곳에서 해됨도 없고 상함도 없을 것이니 이는 물이 바다를 덮음 같이 여호와를 아는 지식이 세상에 충만할 것임이니라

"첫째 세상은 천사를 중심으로", "둘째 세상은 아담을 중심으로", "셋째 세상은 메시아를 중심으로" 지어졌습니다. 예수님은 사탄에 의해 무너진 아담의 나라에 오셔서 사탄의 심장부에서 십

자가에 못 박혀 죽으셨고, 사탄의 왕국을 몰아내고 메시아의 나라를 이루셨습니다. 이것을 가리켜 **'만유회복'**이라고 합니다. 그래서 누구든지 예수님을 붙잡으면 만유회복의 주인공이 될 수 있습니다.

메시아의 나라는 예수님이 영원히 다스리시는 나라입니다. 하나님의 우주 전체의 계획은 성도가 죽으면 생명의 부활을 하여 메시아의 나라로 데려가는 겁니다. 첫째 세상에서 사탄을 추방하신 것처럼 둘째 세상을 틀어쥔 사탄을 추방하여, 셋째이자 마지막 세상인 메시아의 나라를 영원히 세우실 겁니다. 우리는 셋째 세상인 메시아의 나라에 시선을 꽂고 살아야 합니다. 우리의 눈이 메시아의 나라에서 떨어지는 순간, 우리는 흔들릴 수밖에 없습니다. 이사야 11장 6-9절을 읽어봅시다.

"그 때에 이리가 어린 양과 함께 거하며 표범이 어린 염소와 함께 누우며 송아지와 어린 사자와 살찐 짐승이 함께 있어 어린 아이에게 끌리며 암소와 곰이 함께 먹으며 그것들의 새끼가 함께 엎드리며 사자가 소처럼 풀을 먹을 것이며 젖먹는 아이가 독사의 구멍에서 장난하며 젖뗀 어린 아이가 독사의 굴에 손을 넣을 것이라 나의 거룩한 산 모든 곳에서 해됨도 없고 상함도 없을 것이니 이는 물이 바다를 덮음 같이 여호와를 아는 지식이 세상에 충만할 것임이니라"(사 11:6-9).

위의 말씀처럼 주님이 다스리시는 그 나라가 되면, 사막은 꽃동산이 되고, 독사굴에 어린 아이가 손을 넣어 장난을 쳐도 물리지 않을 겁니다. 메시아의 나라는 지금 우리가 살고 있는 세상과는 다른 세상입니다. 메시아를 중심으로 이루어진 메시아의 나라는 죽음도, 질병도, 아픔도 없습니다.

부활의 나라

지금 한국 교회에는 예수 그리스도를 믿는다고 하면서 그냥 종교생활을 하는 사람들이 많습니다. 그냥 어려운 일 있을 때 성경을 읽고 하나님께 매달리는 겁니다. 그리고 이 세상에서 죽으면 끝이라고 생각합니다. 그렇게 사탄이 세뇌를 시켰기 때문에 그렇게 믿고 사는 겁니다. 예수님을 믿는다고 하는 사람들 중에서도 그렇게 생각하고 있습니다. 이건 잘못된 겁니다. 그래서 제가 이런 사람들을 보고 그냥 종교생활을 한다는 겁니다. 사탄의 속임수에 빠져서 죽으면 끝이라고 하는 겁니다. 절대 끝이 아닙니다. 죽으면 부활이 있습니다. 이 부활은 **"생명의 부활"**입니다. 다른 말로 **"심판의 부활"**이라고도 합니다.

사람은 죽은 뒤에 부활이 일어납니다. 생명의 부활은 부활하면서 생명으로 가는 사람들입니다. 이 사람들은 하나님의 의지, 말씀대로 산 사람들입니다. 자기의 의지, 뜻, 견해를 내려놓고 하나님의 의지, 뜻, 견해를 받아들이고 예수 그리스도를 믿은 사람입니다. 이들은 생명으로 갑니다. 심판의 부활은 부활하면서 심판을 받고 지옥으로 가는 사람들입니다. 하나님의 뜻, 의지, 견해를 거부하고 자기의 뜻, 의지, 견해대로 살아간 사람들입니다.

　하나님의 구속 계획은 믿는 성도들을 천국으로 데려가는 것으로 끝나지 않고, 마지막 최후의 부활을 통해 사람을 메시아의 나라로 옮겨서 다시 한 번 만유를 회복시켜 주는 겁니다. 구원의 완성은 천국에 가는 것이 아니라, 예수님이 재림하실 때 천국에 있는 영체가 예수님과 함께 이 땅으로 내려와서 무덤에서 부활한 육체와 합하여 최후의 부활체를 맞이하는 겁니다(살전 4:13-18). 예수님이 재림하실 때 아직 살아있는 성도들은 영과 육의 상태 그대로 최후의 부활체를 맞이합니다.

　최후의 부활체는 사람마다 그 모습도 다르지만, 그 영광의 크기도 다릅니다(고전 15:40-41). "해의 부활", "달의 부활", "별과 별의 부활", "부끄러운 부활", "심판의 부활" 등 이 땅에 사는 80억 인구 중 부활체의 모습이 똑같은 사람은 단 한 명도 없습니다. 메시아의 나라는 **"부활의 나라"**입니다.

　예수님을 믿지 않는 사람들은 지옥에 갑니다. 하지만 예수님의 재림 때 지옥에 간 영혼도 천년왕국 이후에, 이 땅으로 돌아와서 심판의 부활을 할 겁니다(계 20:6-10). 심판의 부활은 차라리 부활을 하지 않는 것이 더 낫습니다. 하지만 하나님이 강제적으로 끌어올려서 최후의 부활을 맞이하게 하실 겁니다. 인간으로 태어난 모든 사람은 생명의 부활이든, 심판의 부활이든, 전부 부활합니다. 만약 부활이 없었다면, 당장 오늘부터 열심히 신앙생활을 하지 않아도 그만입니다. 하지만 진정 부활이 있다면, 생명 전체를 걸고 하나님의 일을 해야 합니다. 여러분 중에 적어도 심판의 부활을 하는 사람은 단 한 명도 없기를 바랍니다.

메시아의 나라에 가는 사람

메시아의 나라는 '이기는 자'가 갑니다. 요한계시록에 기록된 일곱 교회를 보면, 예수님이 각 교회마다 칭찬과 책망을 하십니다. 하지만 모든 교회에게 항상 마지막에 주시는 말씀이 '이기는 자'에 대한 약속입니다. 이기는 자에게 메시아의 나라를 약속하고 계십니다. 이것은 일곱 교회에게만 주시는 약속이 아니라, 세상의 모든 교회에게 주시는 약속입니다.

"**에베소교회**"는 하나님의 낙원에 있는 생명나무의 열매를 먹게 될 겁니다(계 1:7). 하나님의 낙원에 있는 생명나무의 열매는 메시아의 나라에서 영생하는 것을 의미합니다. "**서머나교회**"는 둘째 사망의 해를 받지 않을 겁니다(계 1:11). 첫째 사망은 육체가 죽는 것이고, 둘째 사망은 지옥에 가는 것을 의미합니다. 하지만 이기는 자는 지옥에 가지 않고 메시아의 나라에 간다는 겁니다. "**버가모교회**"는 감추었던 만나를 주고 흰 돌 위에 새 이름을 기록하여 받을 겁니다(계 1:17). "**두아디라교회**"는 만국을 다스리는 권세를 주십니다(계 1:26). "**사데교회**"는 흰 옷을 입고 그 이름이 생명책에서 지워지지 않고 하나님과 천사들 앞에서 시인될 겁니다(계 2:5). **"빌라델비아교회"**는 하나님 성전에 기둥이 되어 새 예루살렘의 이름과 예수님의 새 이름이 그 위에 기록될 겁니다(계 2:12). **"라오디게아교회"**는 예수님이 하나님의 보좌에 함께 앉은 것처럼 예수님의 보좌에 함께 앉게 될 겁니다(계 2:21).

하나님은 요한계시록의 일곱 교회에게 이기는 자마다 메시아의 나라를 약속하십니다. 그러므로 아담의 나라에 태어나는 모든 사람은 무조건 이겨야 합니다. 메시아의 나라에서 주인공이 돼야 합니다. 그렇다면, 우리는 무엇을 이겨야 합니까? 요한일서 2장 13절을 읽어봅시다.

"아비들아 내가 너희에게 쓰는 것은 너희가 태초부터 계신 이를 앎이요 청년들아 내가 너희에게 쓰는 것은 너희가 악한 자를 이기었음이니라"(요일 2:13).

아담의 나라에 태어난 모든 인간은 악한 자를 이겨야 합니다. 악한 자를 이기는 것은 4대 이김의 대상이 있습니다. 그것은 **"죄를 이기는 것"**, **"사탄을 이기는 것"**, **"율법을 이기는 것"**, **"세상을 이기는 것"**입니다.

4대 이김

먼저, **"죄를 이기는 것"**입니다. 이사야 1장 18절과 요한일서 1장

9절을 읽어봅시다.

"여호와께서 말씀하시되 오라 우리가 서로 변론하자 너희 죄가 주홍
같을찌라도 눈과 같이 희어질 것이요 진홍 같이 붉을찌라도 양털 같이
되리라"(사 1:18).

"만일 우리가 우리 죄를 자백하면 저는 미쁘시고 의로우사 우리 죄
를 사하시며 모든 불의에서 우리를 깨끗케 하실 것이요"(요일 1:9).

사람은 자신의 죄에 대하여 스스로의 힘으로 구원받을 수 없습
니다. 누구든지 예수님의 보혈을 인정하고 붙잡는 자는 죄를 이
기고 영원한 생명을 얻을 수 있습니다. 인간의 죄는 오직 예수님
의 십자가 보혈의 3대 능력으로 이길 수 있습니다. 첫째는 하나님
의 공의에 대해 만족시킵니다(사 1:18, 요일 1:9). 누구든지 자신
의 죄를 자백하면, 하나님은 미쁘시고 의로우셔서 우리의 죄를
깨끗하게 씻어주십니다. 죄가 아무리 크고 주홍 같을지라도, 눈
송이와 양털처럼 희게 씻어주십니다. 둘째로, 양심을 이기게 해
줍니다(롬 3:12, 8:1-2, 히 10:26). 예수님 안에 있는 사람에게는
결코 정죄함이 없습니다. 생명의 성령의 법으로 죄와 사망의 법
에서 해방 받았습니다. 셋째로, 마귀를 이기게 해줍니다(요일
5:4, 18). 예수님의 십자가를 믿고 하나님으로부터 새롭게 태어난
자마다 세상을 이기고 마귀를 이길 수 있습니다. 예수님이 십자
가를 지심으로 원수 사탄의 머리를 상하게 하셨습니다. 즉, 십자
가 보혈의 능력으로 뱀의 머리를 박살냈다는 겁니다. 승리하신

예수님의 십자가를 붙잡으면, 우리도 사탄을 이기는 승리자가 될 수 있습니다.

두 번째는 **"사탄을 이기는 것"**입니다. 에베소서 6장 12절을 읽어봅시다.

"우리의 씨름은 혈과 육에 대한 것이 아니요 정사와 권세와 이 어두움의 세상 주관자들과 하늘에 있는 악의 영들에게 대함이라"(엡 6:12).

사탄이 이 세상을 지배하는 3가지 원리가 있습니다. 그것은 **"문화, 종교, 정치권력"**입니다. 사탄이 자기 왕국을 다스릴 때 첫 번째로 틀어쥐는 것이 문화입니다. 문화라는 말은 '생활문화', '가정문화', '정치문화', '옷 입는 문화' 등 사람이 하는 모든 행동에 들어갑니다. 그런데 이 세상에는 두 가지 문화만 존재합니다. 이 땅에 사는 모든 사람은 분명히 두 가지 문화 중 하나에 속하게 돼 있습니다. 하나는 사탄의 문화이고, 다른 하나는 그리스도의 문화입니다. 사탄은 자기의 백성(교회를 다니지 않는 모든 사람)을 문화로 틀어쥡니다. 특히나 대한민국 땅에는 사탄의 문화가 많습니다. 하지만 예수님을 영접하고 교회 안으로 들어오는 순간부터 하나님의 백성은 그리스도의 문화 안으로 들어오게 됩니다. 그래서 교회에 오면 누군가 가르쳐주지 않아도 '아, 이건 하면 안 되는구나' 하고 사탄의 문화가 잘못되었음을 알기 시작합니다. 성령을 받은 사람은 낱낱이 설명해 주지 않아도 내 속에 계신 성령님이 무엇이 사탄의 문화인지 전부 가르쳐 주십니다. 말을 할 때도, 옷을 입을 때도 마귀의 문화가 아니라 그리스도의 문화로 가르쳐 주십니다. 하나님의 백성은 세상에서 익숙했던 사탄의 문화는 다 버리고 그리스도의 문화를 쫓아야 합니다. 사탄의 문화와 절대 타협하면 안 됩니다. 오직 예수의 문화 안에 살아야 합니다.

사탄이 자기 왕국을 다스릴 때 두 번째로 틀어쥐는 것이 종교입니다. 이 땅에는 종교가 정말 많습니다. 이 모든 종교는 사탄이 자기 밑에 있는 부하 악령들을 시켜서 '야, 너는 불교를 맡아', '야, 너는 이슬람을 맡아' 등 할당해 주는 겁니다. 그런데 이 사실을 언제 깨달을 수 있을까요? 교회 안에 들어서야, 예수님 안에 들어와야 깨닫게 됩니다. 이 땅에 있는 모든 종교는 다 없어져야 하고, 오직 예수 그리스도만 지배해야 합니다.

사탄이 자기 왕국을 다스릴 때 세 번째로 틀어쥐는 것이 정치권력입니다. 에베소서 6장을 보면, 사도 바울은 로마 정부를 하늘에 있는 악의 영(사탄)이 이 땅의 정부를 지휘한다고 말합니다(엡 6:12). 이 세상의 정부조직의 꼭지점은 대통령이 아니라, 그 위에 있는 하늘의 악한 영 곧 사탄입니다. 이것은 세상 정부만 그런 것이 아니라 교회도 마찬가지입니다. 사도 바울이 다메섹 도상에서 예수님을 만났을 때, 예수님은 바울에게 '사울아 사울아 네가 어찌하여 나를 박해하느냐'(행 9:4)라고 물으십니다. 사도 바울은 예수님을 실제적으로 핍박한 적이 없었습니다. 차라리 '사울아 사울아 네가 어찌하여 나를 성실히 믿는 스데반을 박해하느냐'라고 물으셨다면, 더 정확했을 겁니다. 그런데 예수님은 왜 자신을 핍박하냐고 사도 바울에게 묻습니다. 이것은 예수님이 이 땅에 있는 교회 조직을 자신의 몸으로 삼고 계신다는 겁니다. 교회는 예수님의 지체입니다. 예수님은 교회를 영적으로 옷을 입고 계십니다. 이와 같이 사탄도 이 세상의 정부를 자신의 몸으로 삼고 있습니다. 교회는 하나님 나라의 정부이고, 세상 정부는 사탄 왕국의 정부입니다. 그래서 세상의 정부와 교회는 늘 사이가 좋지 않습니다. 물론 독실한 신앙을 가진 정치인들도 있습니다. 예를 들면, 미국에는 조지 워싱턴, 아브라함 링컨, 로널드 레이건 등이 있고, 대한민국에는 이승만 대통령이 있습니다. 이승만 대통령은 성령의 지배를 받은 사람이었기 때문에 사탄의 조직과 싸워서 끝내 대한민국을 기독교 국가로 건국했습니다. 성도들은 생명을 걸고 사탄의 몸을 예수님의 몸으로 만들어야 합니다. 할 수만 있다면 사탄의 문화와 가까운 정부는 찍지 말고, 예수의 문화와 가까운 정부를 찍어야 합니다. 만약 대한민국 정치 조직이 계속 사탄의 몸으로 머물러 있으면, 교회는 결국 심한 고난을 받을 수밖에 없습니다. 하지만 반대로, 교회가 확장되면 세상의 정치도, 문화도 전부 예수님의 몸으로 바뀌게 될 겁니다.

세 번째 **"율법을 이기는 것"**입니다. 로마서 3장 20절을 읽어봅시다.

"그러므로 율법의 행위로 그의 앞에 의롭다 하심을 얻을 육체가 없나니 율법으로는 죄를 깨달음이니라"(롬 3:20).

율법은 사람으로 하여금 자신의 죄를 깨닫게 하는 수단이지, 율법의 행위로 의롭게 될 수는 없습니다. 사람은 자신의 힘으로 율법을 전부 지킬 수 없기 때문입니다. 그래서 우리에게 주신 것이 예수님의 십자가의 사랑입니다. 율법을 이길 수 있는 힘은 예수님을 더욱 사랑하는 겁니다. 예수님의 사랑을 받은 자는 그 사랑으로 이웃에게 악을 행하지 않기 때문에 율법의 완성은 사랑입니다.

마지막은 **"세상을 이기는 것"**입니다. 로마서 14장 6-7절을 읽어봅시다.

"날을 중히 여기는 자도 주를 위하여 중히 여기고 먹는 자도 주를 위하여 먹으니 이는 하나님께 감사함이요 먹지 않는 자도 주를 위하여 먹지 아니하며 하나님께 감사하느니라 우리 중에 누구든지 자기를 위하여 사는 자가 없고 자기를 위하여 죽는 자도 없도다"(롬 14:6-7).

세상을 이기는 사람은 무엇을 하든지 예수님의 이름으로 해야 합니다. 세상은 사탄이 주인입니다. 사탄은 사람에게 '자기를 위하여' 사는 것에 집중하게 하지만, 세상을 이기는 자는 모든 것을 '주를 위하여' 합니다. 먹는 것도 주를 위하여, 먹지 않는 것도 주를 위한 것이기 때문에 모든 것이 다 감사한 겁니다.

십자가를 통한 4대 이김을 늘 기억하기 위해서는 십자가에서 이기신 예수님에 대한 말씀을 붙잡아야 합니다. 예수님은 십자가에 죽으심으로 사탄과의 전쟁에서 이기셨습니다. 우리의 싸움은 이긴 싸움입니다. 죄에 대하여, 사탄에 대하여, 율법에 대하여, 세상에 대하여 우리는 이미 이긴 자의 삶을 살고 있음을 기억해야 합니다.

십자가 영수증

어느 집의 아버지가 큰 사업을 하기 위해 옆집 친구에게 100억을 빌립니다. 그리고 사업이 잘 돼서 200억이 됩니다. 그런데 아버지는 갑자기 암에 걸려서 죽게 되자, 자신이 세상을 떠난 이후에 자식들이 빚으로 힘들어하지 않도록 사업 일부를 팔고 빌린 100억을 친구에게 갚습니다. 그리고 3일 후에 죽습니다.

그런데 이 친구가 나쁜 사람이어서, 장례식을 찾아와서 그 집 아들에게 말합니다. '자네 아버지가 살아있을 때 내가 100억 빌려줘서 이렇게 잘 된 것 알지?' '알고 있죠.' '근데 자네 아버지가 말이야, 100억 빌린 돈을 안 갚아서!' '돌아가시기 3일 전에 저에게 사업을 정리해서 100억을 가져오라고 하셨는데, 안 받으셨어요?' '몰라, 나한테는 안 갚았어. 빨리 갚아!' 이 나쁜 친구가 돈을 두 번 받으려는 겁니다.

그날부로 아들은 속이 타들어갑니다. 밤잠도 오지를 않습니다. 그런데 아무리 생각을 해봐도 아버지가 그러실 분도 아니고, 분명히 돈을 갚는다고 하셨기 때문에 방을 뒤져보는데, 장판 밑에 영수증 한 장이 있는 겁니다. 아버지가 돌아가시기 3일 전에 돈을 갚은 영수증을 장판 밑에 둔 겁니다. 그날 저녁 아들은 코가 비뚤어지게 잘 자고, 다음 날 아침에 아버지 친구를 집으로 부릅니다. 기세등등한 아버지 친구 앞에 아들은 무엇을 내놓았을까요? '아저씨, 혹시 이것 보신 적 있으세요?' 아버지 친구는 얼굴이 새까매지면서, 한 길로 왔다가 일곱 길로 도망갑니다. 무엇이 아들을 살렸나요? 아버지의 영수증이 아들은 살린 겁니다.

사탄은 누구를 속일까요? 영수증을 모르는 사람을 속입니다. 영수증을 모르기 때문에 걱정, 근심, 가난, 저주가 오면 그것이 내 것인 줄 알고 그대로 받아들이는 겁니다. 사탄이 우리에게 환난, 질병, 고난을 가져올 때, 우리는 다른 것을 가져가는 것이 아니라 성경의 영수증을 가져가야 합니다. 성경을 펴서 읽는 순간부터 마귀는 벌벌 떨기 시작합니다. '어우, 내가 두 번 골탕 먹이려고 했는데 제가 영수증을 찾았네.'

영수증을 찾은 사람을 이길 자는 없습니다. 예수 십자가의 보혈 하나로 끝난 겁니다. 사탄이 두 번 받을 수 없습니다. 문제는 우리가 그 사실을 주장해야 합니다. 하나님의 말씀을 부지런히 외워둬서, 사탄이 우리에게 붙을 때 단호히 저항해야 합니다. 사업이 어렵고 고난이 왔을 때, 그것을 '운명'으로 받아들이거나 '내가 재수가 없어서 그렇다'라고 받아드리는 게 아니라, 그것을 향하여 명령해야 합니다. '사탄아, 이 말씀구절 본 적 있냐?'라고 단호히 물리치고 잘라내야 합니다. 우리의 삶 속에 사탄의 그늘이 찾아와 있다면, 그 저주의 그늘을 향하여 선포해야 합니다. '저주야, 물러가라!' 그러면 사탄이 한 길로 왔다가 일곱 길로 도망갑니다. 우리가 예수님이 이기신 것을 주장하기만 하면, 4대 이김을 이룰 수 있습니다.

(기 도)

"나를 구원하신 하나님, 메시아의 나라에 들어가길 원합니다. 4대 이김을 완전히 정복하여 죄, 사탄, 율법, 세상을 이기는 자가 되게 하옵소서. 십자가를 통한 이김으로 메시아의 나라에 들어가 천국시민이 되게 하옵소서. 예수님의 이름으로 기도하옵나이다. 아멘."

10

/

셋째 세상 : 메시아의 나라
이기는 원리

마태복음 16장 24절

²⁴이에 예수께서 제자들에게 이르시되 아무든지 나를 따라 오려거든 자기를 부인하고 자기 십자가를 지고 나를 좇을 것이니라

"첫째 세상인 천사의 나라는 천사를 중심으로", "둘째 세상인 아담의 나라는 아담을 중심으로", "셋째 세상인 메시아의 나라는 메시아를 중심으로" 하나님이 창조하셨습니다. 메시아의 나라는 사탄을 이기는 자의 것입니다. 그렇다면 어떻게 사탄을 이길 수 있을까요?

마태복음 16장 24절을 읽어봅시다.

"이에 예수께서 제자들에게 이르시되 아무든지 나를 따라오려거든 자기를 부인하고 자기 십자가를 지고 나를 좇을 것이니라"(마 16:24).

메시아의 나라에서 가장 핵심적인 말씀은 **"이기는 원리"**입니다. 모든 이김의 원리는 한 가지입니다. 오직 **"십자가"**를 통해서만 이길 수 있습니다. 요한일서 3장 8절을 읽어봅시다.

"죄를 짓는 자는 마귀에게 속하나니 마귀는 처음부터 범죄함이라 하나님의 아들이 나타나신 것은 마귀의 일을 멸하려 하심이니라"(요일 3:8).

십자가를 알면 이기고, 모르면 지는 겁니다. 예수님이 이 땅에 오신 것은 마귀의 일을 멸하려고 오셨습니다. 마귀를 이기는 방법이 십자가를 지는 겁니다. 십자가로 마귀가 손에 잡고 있는 죄의 문제를 해결하면, 마귀는 아무 것도 할 수 없습니다. 죄의 삯을 해결한 사람에게 사망, 저주, 질병, 아픔을 줄 수 없습니다.

성경의 모든 내용은 아담의 나라에 태어난 우리가 예수님의 십자가를 붙잡고 이기는 자가 되어서, 메시아의 나라에서 만왕의 왕 되시는 예수님 밑에서 만유를 다스리는 자가 되는지에 대한 내용입니다. 아담의 나라에 태어난 모든 인간은 십자가를 붙잡고 이겨야 합니다. 십자가 외에는 길이 없습니다.

십자가

십자가는 무엇일까요? 사람들은 십자가를 배지로 달고, 찬송으로도 십자가를 고백하면서도, 십자가가 무엇인지도 모릅니다. 십자가는 선악과 때문에 나타났습니다. 십자가와 선악과는 쌍벽입니다. 그러므로 십자가가 무엇인지 알려면, 선악과와 대칭시켜야 합니다.

선악과를 따먹기 전에는 이 세상의 모든 뜻은 하나님의 뜻밖에 없었습니다. 에덴동산에 사람이 만 명이 있어도, 뜻은 오직 한 가지였습니다. 한 가지 뜻, 한 가지 견해, 한 가지 의지였습니다. 하지만 선악과를 따먹고 나서 인간에게는 독립된 뜻이 생기게 되었습니다. 사람이 10명만 모여도 전부 뜻이 다르고, 쌍둥이 형제로 태어나도 뜻이 다릅니다. 하나님은 우리의 독립된 뜻을 십자가에 반납하기를 원하십니다. 십자가의 원리는 간단합니다. 십자가는 하나님의 뜻 앞에 나의 뜻을 반납하는 겁니다. 그럴 때 사탄을 이길 수 있습니다.

하나님으로부터 독립된 자아를 발동시킨 최초의 존재는 사탄입니다. 사탄은 첫째 세상인 천사의 나라에서 하나님으로부터 독립된 '나'라는 단어를 처음 사용하고, 그 죄를 아담에게 똑같이 전과시켰습니다. 그래서 아담의 나라에서 인간도 독립된 자아가 생기게 된 겁니다.

하나님은 삼위일체 하나님을 언급하실 때 '우리'라고 표현하십니다. 성부, 성자, 성령의 세 위격이지만, 같은 뜻을 소유하고 있기 때문입니다. 하지만 천사의 나라에서 루시엘이 타락할 때, 하나님은 그를 분리시켜서 '너'라고 부르십니다. 이사야 14장 12절을 읽어봅시다.

"너 아침의 아들 계명성이여 어찌 그리 하늘에서 떨어졌으며 너 열국을 엎은 자여 어찌 그리 땅에 찍혔는고"(사 14:12).

하나님이 마귀를 말할 때는 항상 **"너"**라 그럽니다. 하나님으로부터 분리되어 나간 마귀에게 너라고 이야기 하는 것에는 너의 자아를 가리키는 겁니다. 하나님과 함께함으로 "우리"라는 말이 나와야 합니다. 그런데 사탄은 "우리"라는 울타리에서 떨어지고 열국을 엎어 버리고 "너"라는 자아가 생겼습니다. 이사야 14장 13절을 계속 읽어봅시다.

"네가 네 마음에 이르기를 내가 하늘에 올라 하나님의 뭇별 위에 나의 보좌를 높이리라 내가 북극 집회의 산 위에 좌정하리라"(사 14:13).

12절에서 하나님이 사탄에게 "너"라고 두 번 이야기하고, 13절에서 또 이야기합니다. "네가", "네 마음에." 그리고 하나님이 "내가"를 3번 이야기합니다. 나와 너로 이야기하는 것은 하나님이 사탄과 분리시킨 겁니다. 삼위일체 하나님이 이야기할 때는 "우리"라는 말을 하는데, 타락한 천사, 사탄에게 이야기할 때는 "나와 너"로 분리합니다. 이건 인간이 타락한 후에도 똑같습니다. 하나님과 인간을 분리시키는 겁니다. "선악과를 왜 따먹었냐! 몰라야 될 것을, 보호자의 영역을 왜 네가 알게 된 것이냐!"

이것은 하나님과 사람 간의 관계의 분리를 의미합니다. 타락의 전주곡은 '나'입니다. 다시 말해, 타락으로 가는 예비동작은 삶의 중심을 하나님 중심에서 나 중심으로 분리시키는 겁니다. 하나님의 의지 외에 새로운 의지가 생기는 것, 하나님 안에서 가지는 것이 싫고, 하나님과 분리하고 싶은 것이 죄의 시작입니다.

이김은 타락의 역순

예수님이 십자가를 지시기 위해 아담의 나라에 오셨을 때, 사탄은 자신이 타락한 원리와 아담을 타락시킨 '나'라는 원리를 가지고 예수님한테 그대로 적용합니다. 하지만 예수님은 그 원리의 반대편에 서셨습니다. 예수님에게 '나'라는 존재가 필요 없으셨기 때문입니다. 아버지의 것이 나의 것이기 때문입니다. 자신을 하나님과 하나로 생각하셨지(요 10:30, 요 14:9), 둘로 나누지 않으셨기 때문입니다. 예수님은 '나'의 저주로부터 최초로 벗어난 분이십니다. 예수님은 사탄이 타락한 원리의 반대로 이기십니다. 타락의 역순이 이김입니다. 이에 결국 사탄이 떠나갑니다. 이것이 공생애를 시작하시기 전에 처음 하신 일이었습니다. 이것이 십자가의 시작입니다.

아담이 선악과를 따먹음으로, 인간 속에는 '나'라는 독립된 자아가 생겼습니다. 그래서 인간은 모든 것이 자기중심이고, 자아중심으로 판단하고 반응합니다. 인간은 모든 것에 대하여 '나를 위하여', '나에 의하여', '나의 것으로' 살아갑니다. 예를 들어, 단체사진을 찍을 때도 제일 먼저 자신의 얼굴부터 확인합니다. 또 자식이 학교 운동회에서 계주를 뛸 때도 자기 자식밖에 보이지 않습니다. 다니엘서 4장 30절을 읽어봅시다.

"나 왕이 말하여 가로되 이 큰 바벨론은 내가 능력과 권세로 건설하여 나의 도성을 삼고 이것으로 내 위엄의 영광을 나타낸 것이 아니냐 하였더니"(단 4:30).

인간은 자신의 자아와 똘똘 뭉쳐서 살아갑니다. 다니엘서에 등장하는 바벨론의 느부갓네살 왕은 자신의 제국을 돌아보며 '이 큰 바벨론은 내가 능력과 권세로 건설하여 나의 도성으로 삼고 이것으로 내 위엄의 영광을 나타낸 것이 아니냐'라고 말합니다. 이 같이 인간은 모든 것에 대하여 '나를 위하여', '나에 의하여', '나의 것으로' 살아갑니다. 고린도후서 4장 10-11절을 읽어봅시다.

"우리가 항상 예수 죽인 것을 몸에 짊어짐은 예수의 생명도 우리 몸에 나타나게 하려 함이라 우리 산 자가 항상 예수를 위하여 죽음에 넘기움은 예수의 생명이 또한 우리 죽을 육체에 나타나게 하려 함이니라"(고후 4:10-11).

'나'를 내려놓지 않은 인생은 모든 것이 자기중심적입니다. 남자와 여자가 서로 사랑해서 결혼을 할 때도, 여자는 남자가 자신을 사랑해주기 때문에, 또 남자는 자신이 여자를 사랑하는 것이 자신에게 좋기 때문에, 모든 것이 자신을 초점으로 출발합니다. 자식도 마찬가지입니다. 나로부터 시작하는 사랑은 무효입니다. 하나님은 선악과로 오염된 사랑은 사랑으로 취급하지 않으십니다. 사탄은 끊임없이 나의 유익을 강조하지만, 기독교 복음은 역설적입니다. 모든 중심은 내가 아니라 오직 예수님이 될 때 내가 사는 겁니다. 자신의 자아를 사랑하는 자는 죽고, 자신의 자아를 미워하는 자는 생명을 얻습니다(요 12:25). 나는 욕을 먹어도, 가난해도, 병들어도 괜찮습니다. 다만 내 속에 계신 예수님만 병들지 않으면 됩니다. 모든 중심이 예수님입니다. 이런 사람은 자신도 병에 들지 않습니다.

예배가 끝나고 차를 몰고 집에 가는 길에 지나가는 차가 내 차에 부딪힙니다. 나는 실수한 것이 없고, 지나가는 차가 친 겁니다. 여기에서 나타날 수 있는 반응은 두 가지입니다. 하나는 '나'로부터 출발하고, 다른 하나는 나는 죽고 내 안에 있는 '예수'로부터 출발하는 겁니다. 나로부터 반응하는 사람은 '이 자식아, 눈이 삐었냐?'라는 말이 나옵니다. 그런데 내가 아닌 예수님으로부터 반응하는 사람은 일단 묵상을 먼저 합니다. '주님, 어떻게 해야 할까요?' 삶의 모든 것이 이와 동일합니다. 사람과 말을 할 때도, '이 씨'는 나로부터 출발하는 말입니다. 하지만 '할렐루야'는 예수로부터 출발하는 말입니다. 우리는 아담의 찌꺼기를 십자가에 못 박아서, **"예수를 위하여"**, **"예수에 의하여"**, **"예수의 것"**으로 반응해야 합니다. 이것이 사탄을 이기는 방법입니다.

요한복음 17장 21-22절을 읽어봅시다.

"아버지께서 내 안에, 내가 아버지 안에 있는것 같이 저희도 다 하나가 되어 우리 안에 있게 하사 세상으로 아버지께서 나를 보내신 것을 믿게 하옵소서 내게 주신 영광을 내가 저희에게 주었사오니 이는 우리가 하나가 된것 같이 저희도 하나가 되게 하려 함이니이다"(요 17:21-22).

하나님 앞에 나아갈 때 '나'라는 존재 자체를 없애야 합니다. 교회에 와서 나의 생각과 나의 말이 옳다고 주장하면, 내 속에 사탄이 역사합니다. 하지만 지금 이 순간부터 '나'를 내려놓으면 사탄도 물러가게 돼 있습니다. 내가 사탄을 이길 수 있는 길은 '나'를 내려놓는 길밖에 없습니다. 구원받은 인간들을 다시 하나님이 '나'가 아니라 '우리'로 하나가 되게 하신다고 말씀하셨습니다. 제2의 근원이었던 죄의 근원인 사람의 자아의 의지를 버리고, 하나님의 의지 안으로 들어가 하나가 된다는 겁니다. 결국 십자가로 돌아가 십자가 앞에 '나'를 내려놓아야 합니다. 하지만 나의 이성과 나의 주장을 내려놓을 때, 자존심이 상하기 마련입니다. 그러나 그 자존심마저도 사탄의 것임을 명심해야 합니다.

갈라디아서 5장 22-23절에 보면, 성령의 열매가 나옵니다.

"오직 성령의 열매는 사랑과 희락과 화평과 오래 참음과 자비와 양선과 충성과 온유와 절제니 이같은 것을 금지할 법이 없느니라"(갈 5:22-23).

성령의 열매와 반대로 육체의 일도 나옵니다.

"육체의 일은 현저하니 곧 음행과 더러운 것과 호색과 우상 숭배와 술수와 원수를 맺는 것과 분쟁과 시기와 분냄과 당 짓는 것과 분리함과 이단과 투기와 술 취함과 방탕함과 또 그와 같은 것들이라 전에 너희에게 경계한것 같이 경계하노니 이런 일을 하는 자들은 하나님의 나라를 유업으로 받지 못할 것이요"(갈 5:19-21).

육체의 일 중에 20절에 "분리함"이 나오는 데, 이것이 바로 죄의 뿌리입니다. '나의 자아'가 생긴 게 죄의 근원이란 말입니다. 죄가 여기에서 출발합니다. 하나님의 의지에서 벗어나 자아의 의지가 생겨나는 것에서 죄의 뿌리가 생겨나는 겁니다. 그래서 하나님이 하나님의 의지가 아닌 새로운 의지를 만든 사탄을 용서하지 않고, 하나님이 완전히 심판하여 쫓아낸 겁니다. 그런데 사탄이 아담의 나라에 와서 아담을 유혹해서 하나님의 의지에서 벗어나 새로운 의지를 만들어버린 겁니다.

사탄의 유혹으로 타락한 인간은 하나님의 의지에서 벗어나 새로운 의지를 따라감으로 심판을 받습니다. 아담의 나라에 대한 심판은 준심판 상태입니다. 이 세상은 지금 하나님의 심판 아래에 있는 겁니다. 최후 심판은 예수님이 재림할 때 일어납니다. 우리가 계속 살고 있는 이 세상은 이미 하나님의 심판 안에 있는 겁니다.

아담의 나라가 타락해서 사탄의 공화국으로 변해버렸습니다. 사탄의 나라에 태어난 인간은 악의 영향력에 있기 때문에 태어나면서부터 죄에 감염된 겁니다. 이 나라에서 왕 노릇하고 있는 사탄의 악이 온 세상을 죄로 오염시켰기 때문에 이 세상 모든 피조물은 죄에 감염된 겁니다. 하나님이 창조하신 만유가 죄로 오염된 겁니다.

예수님은 완전한 하나님이시며 동시에 완전한 인간으로 이 땅에 오셨습니다. 예수님에게도 자아가 있으셨기 때문에 십자가 사건은 결코 쉬운 순종이 아니었습니다. 데카르트의 '인간은 생각한다, 고로 존재한다'라는 말처럼, 사람의 뜻, 의지, 견해는 사람의 존재 그 자체입니다. 사람이 자아의 생명을 포기한다는 것은, 자기 쪽에서 봤을 때 그야말로 존재 자체가 사라지는 죽음인 겁니다. 하지만 예수님은 단순히 십자가에서 마주할 육신적 고통과 자아를 포기해야 하는 혼적 고통뿐만 아니라, 그 뒤에 영적 고통이 더 크셨습니다.

예수 그리스도의 십자가

옛날에 우리나라에서 사람을 가장 잔인하게 죽이는 방법이 '육시'였습니다. 육시는 왕을 암살하려는 반란죄 등 중한 범죄에 대하여 사지를 찢어서 신체를 여섯 개로 찢어 죽이는 형벌이었습니다. 여섯 마리의 말 꼬리마다 여섯 신체 부위를 묶어서, 말을 여섯 방향으로 채찍질하여 사람을 여섯 개로 찢어 죽이는 겁니다. 오늘날까지도 육시의 뜻을 모르고 자기 자식에게 '육시랄 놈(찢어죽일 놈)'이라며 험한 말을 사용하는 부모들이 있습니다. 이것은 무서운 말이며, 특히나 예수님을 믿는 사람은 이런 말을 쓰면 안 됩니다.

그런데 2천 년 전, 로마에서는 사람을 가장 잔인하게 죽이는 방법이 십자가에 못 박는 것이었습니다. 십자가에 매달린 사람은 당장 죽지 않고, 가장 오래는 3일 동안 매달리면서 고통 속에서 죽습니다. 그런데 예수님은 예상 외로 6시간 만에 빨리 죽으셨습니다. 그래서 로마 군병들이 예수님의 옆구리에 창을 찌른 것은 예수님을 죽이기 위한 것이 아니라, 예수님이 예상 외로 너무 빨리 돌아가셔서 확인하기 위해 찌른 겁니다. 이때 예수님의 옆구리에서 피와 물이 나왔다고 성경은 기록합니다(요 19:34). 여기에서 놀라운 한 가지 사실이 있습니다. 사람이 죽은 원인에 대하여 시체를 해부하는 성경 의학자들에 따르면, 십자가에 매달려 죽는 사람의 몸에서 피와 물이 분리되어서 나온다는 것은 딱 한 가지 경우밖에 없다는 겁니다. 바로 심장파혈입니다. 예수님이 십자가에서 죽으실 때, 피를 너무 많이 쏟아서 죽으신 것이 아니라, 심장이 폭발해서 죽으셨다는 겁니다.

왜 예수님의 심장이 폭발했을까요? 아담의 죄부터 앞으로 태어날 모든 인간의 죄까지 포함한 전 인류의 죄가 전부 예수님의 십자가를 누르고 있기 때문입니다. '엘리 엘리 라마 사박다니(나의 하나님, 나의 하나님, 어찌하여 나를 버리셨나이까)'(마 27:46). 십자가 위에서 예수님이 감당한 중압감은 물리적 무게가 아니라 인류의 죄가 전가된 영적 무게였습니다. 하나님은 예수님의 십자가를 설명하시기 위해 이미 구약시대에 양을 통하여 제사장이 사람의 죄를 양 쪽으로 옮기는 모습을 보여주십니다. 이것을 죄의 '전가'라고 합니다. 한 사람이 지은 죄로 심판을 받는 것도 큰데, 전 인류의 심판을 받는 것이 얼마나 클까요?

예수님이 음부에 내려가서서 노아의 물심판 때 죽었던 영혼들과 함께 거할 것이라고 성경이 말하듯이, 예수님은 이미 십자가 이후의 일을 알고 계셨습니다. 그래서 겟세마네 동산에서 이마의 땀방울이 핏방울이 되도록 기도하시면서 "내 아버지여 만일 할 만하시거든 이 잔을 내게서 지나가게 하옵소서"(마 26:39)라고 타진하십니다.

하지만 하나님은 안 된다고 하십니다. 십자가를 지지 않으면, 구약의 모든 예언이 무너지고 인류는 죄 용서함과 구원받을 수 없다는 겁니다. 그래서 예수님은 거기에서 "나의 원대로 마옵시고 아버지의 원대로 하옵소서"(마 26:39)라는 고백과 함께 아담이 선악과를 따먹을 때 생긴 독립된 뜻을 하나님의 뜻 앞에 내려놓으십니다. 십자가에서 선악과를 반납하십니다. 이것이 바로 십자가의 핵심이며, 꼭지점입니다.

예수가 십자가에서 죽음으로 단번에 사망의 나라에서 구원받을 수 있는 길을 열어주셨습니다. 아담의 타락으로 만유도 함께 타락했는데, 예수 그리스도의 보혈의 피로 말미암아 만유회복의 길이 열린 겁니다. 그렇다면, 왜 주님이 십자가에서 죽은 사건으로 단번에 사탄을 박탈시킬 수 있느냐? 예수가 누구이기에 십자가의 한 사건으로 타락한 인류를, 만유를 구원시킬 수 있느냐?

이것이 바로 복음의 핵심입니다. 예수 그리스도가 십자가의 사건으로 사망의 그늘에 있던 만유를 회복하셨습니다. 죄의 값이 사망인데, 그걸 예수 그리스도가 대신해서 속죄했기 때문에 죄에서 해방된 겁니다. 보혈의 피 앞에서 사탄은 죄에 대해서 논할 수가 없는 겁니다. 더 이상 죄의 값에 대해서 이야기할 수 없습니다. 예수는 마지막 아담으로 우리의 구원자가 되시기 때문에 가능한 겁니다. 이 진리를 알고 예수를 구주로 고백하는 자는 사망의 나라에서 구원을 받을 수 있습니다.

그런데 예수 그리스도가 십자가에서 죽은 사건으로 사탄을 박탈시키고 구원의 길을 알지 못하고 사는 사람은 어둠 가운데 살고 있는 겁니다. 사람이 왜 태어났는지, 왜 살고 있는지, 죽음 뒤에 뭔가 기다리고 있는지 모릅니다. 그래서 인생을 막 삽니다. 자기 마음대로 삽니다. 자기 뜻대로 되지 않는다고 스스로 목숨을 끊기도 합니다. 이게 사탄의 권세 아래에서 자아의 의지가 강하게 일어나기 때문입니다. 예수 그리스도를 모르기 때문입니다.

예수 그리스도에 대해서 들어도 믿지 않기 때문에 구원의 길로 가지 않습니다. 하나님을 향해 "아버지" 하고 한 번만 부르고 그 구원의 길에 들어서면 되는데, 그걸 하지 못합니다. 사탄 마귀의 늪에서 벗어나지 못하고 사망에서 헤어 나오지 못하는 겁니다.

예수님의 십자가에 가장 깊이 접근한 성경인물은 아브라함입니다. 창세기 22장 1-19절을 읽어봅시다.

"그 일 후에 하나님이 아브라함을 시험하시려고 그를 부르시되 아브라함아 하시니 그가 가로되 내가 여기 있나이다 여호와께서 가라사대 네 아들 네 사랑하는 독자 이삭을 데리고 모리아 땅으로 가서 내가 네게 지시하는 한 산 거기서 그를 번제로 드리라 아브라함이 아침에 일찌기 일어나 나귀에 안장을 지우고 두 사환과 그 아들 이삭을 데리고 번제에 쓸 나무를 쪼개어 가지고 떠나 하나님의 자기에게 지시하시는 곳으로 가더니 제 삼일에 아브라함이 눈을 들어 그곳을 멀리 바라본지라 이에 아브라함이 사환에게 이르되 너희는 나귀와 함께 여기서 기다리라 내가 아이와 함께 저기 가서 경배하고 너희에게로 돌아오리라 하고 아브라함이 이에 번제 나무를 취하여 그 아들 이삭에게 지우고 자기는 불과 칼을 손에 들고 두 사람이 동행하더니 이삭이 그 아비 아브라함에게 말하여 가로되 내 아버지여 하니 그가 가로되 내 아들아 내가 여기 있노라 이삭이 가로되 불과 나무는 있거니와 번제할 어린 양은 어디 있나이까 아브라함이 가로되 아들아 번제할 어린 양은 하나님이 자기를 위하여 친히 준비하시리라 하고 두 사람이 함께 나아가서 하나님이 그에게 지시하신 곳에 이른지라 이에 아브라함이 그곳에 단을 쌓고 나무를 벌여놓고 그 아들 이삭을 결박하여 단 나무 위에 놓고 손을 내밀어 칼을 잡고 그 아들을 잡으려 하더니 여호와의 사자가 하늘에서부터 그를 불러 가라사대 아브라함아 아브라함아 하시는지라 아브라함이 가로되 내가 여기 있나이다 하매 사자가 가라사대 그 아이에게 네 손을 대지 말라 아무 일도 그에게 하지 말라 네가 네 아들 네 독자라도 내게 아끼지 아니하였으니 내가 이제야 네가 하나님을 경외하는 줄을 아노라 아브라함이 눈을 들어 살펴본즉 한 수양이 뒤에 있는데 뿔이 수풀에 걸렸는지라 아브라함이 가서 그 수양을 가져다가 아들을 대신하여 번제로 드렸더라 아브라함이 그 땅 이름을 여호와이레라 하였으므로 오늘까지 사람들이 이르기를 여호와의 산에서 준비되리라 하더라 여호와의 사자가 하늘에서부터 두번째 아브라함을 불러 가라사대 여호와께서 이르시기를 내가 나를 가리켜 맹세하노니 네가 이같이 행하여 네 아들 네 독자를 아끼지 아니하였은즉 내가 네게 큰 복을 주고 네 씨로 크게 성하여 하늘의 별과 같고 바닷가의 모래와 같게 하리니 네 씨가 그 대적의 문을 얻으리라 또 네 씨로 말미암아 천하 만민이 복을 얻으리니 이는 네가 나의 말을 준행하였음이니라 하셨다 하니라 이에 아브라함이 그 사환에게로 돌아와서 함께 떠나 브엘세바에 이르러 거기 거하였더라"(창 22:1-19).

100살이 되도록 자식이 없던 아브라함에게 하나님은 이삭을 주십니다. 20살 때 낳은 자식도 예쁜데 100살에 낳은 자식은 얼마나 예쁠까요? 하지만 하나님은 이삭을 향한 아브라함의 사랑이 선악과를 따먹은 자기 본능적 사랑이라는 것을 아셨습니다. 하나님으로부터 오는 사랑으로 사랑하는 것이 아님을 아셨습니다. 그래서 아브라함을 어디로 데려가십니까? 모리아 산으로 데려서, 자기 자식을 칼로 죽이라고 말씀하십니다. 왜 하나님은 이 같이 잔혹한 일을 시키셨을까요? 아브라함이 이삭을 사랑하는 것은 선악과의 사랑, 더러운 사랑, 이기적인 사랑이기 때문입니다. 진짜 이삭을 죽이라는 것이 아니라, 이삭을 사랑하는 아브라함의 본능적 사랑, 인간이 선악과를 먹은 후의 사랑을 죽이라는 겁니다. 결국 아브라함은 인간적 사랑을 포기하고 자신의 선악과를 반납합니다. 자식을 향한 육신적 사랑을 죽입니다. 이것이 예수님의 십자가의 원형입니다.

자아반납

고린도후서 1장 19-20절을 읽어봅시다.

"우리 곧 나와 실루아노와 디모데로 말미암아 너희 가운데 전파된 하나님의 아들 예수 그리스도는 예 하고 아니라 함이 되지 아니하셨으니 저에게는 예만 되었느니라 하나님의 약속은 얼마든지 그리스도 안에서 예가 되니 그런즉 그로 말미암아 우리가 아멘 하여 하나님께 영광을 돌리게 되느니라"(고후 1:19-20).

우리가 하나님 앞에 뜻을 반납하려면 반드시 실제적 대상이 있어야 합니다. 하나님의 뜻 앞에 내 뜻을 내려놓는 이 추상적인 개념을 실제화 시키는 것이 바로 영적 멘토 앞에 내 뜻을 내려놓는 겁니다. 예수님도 하나님에게 자신의 뜻을 내려놓은 것 같이 성도들도 자신의 뜻을 내려놓을 영적 멘토가 있어야 합니다. 그래서 하나님은 성도들 위에 목사님을 영적 멘토로 세우신 겁니다. 멘토란 무엇인가? 멘토라는 단어는 고대 헬라 시대에서 유래되었습니다. 고대 헬라의 어느 장군이 싸움에 출전해야 하는데 자신에게 7살 된 아들이 있었습니다. 살아서 돌아올 확률이 희박하기 때문에 장군은 자신의 스승에게 어린 아들을 부탁합니다. 장군은 전쟁에 나가 국가를 위해 목숨을 바치게 되고, 나이가 많은 스승은 제자의 어린 아들을 입양하여 정성으로 키웁니다. 이 스승을 가리켜 '멘토'라고 합니다. 7살 아들은 멘토 할아버지를 어떻게 대했을까요? 할아버지에게 100% 순종합니다. 멘토가 아침에 일어나라고 하면, 벌떡 일어납니다. 멘토가 옷을 입으라고 하면 즉시 순종합니다. 멘토가 있는 인생과 멘토가 없는 인생은 하늘과 땅 차이입니다. 이것은 일반적 삶뿐만 아니라 신앙생활에는 더더욱 그렇습니다. 신앙생활은 개인의 힘과 노력으로 성공하는 것이 아닙니다. 반드시 나를 끌어올려 주는 영적 멘토가 있어야 합니다.

하지만 멘토는 아무에게나 주어지는 것이 아닙니다. 내가 아무리 생각해봐도 내 생각이 맞고, 기도를 해봐도 내 생각이 맞고, 성경을 읽어봐도 내 생각이 맞고, 상담을 해봐도 내 생각이 맞고, 기독교 방송을 들어봐도 내 생각이 맞아도, 멘토가 '아니야'라고 했을 때, 그 말을 받아들이는 자만이 멘토가 생기는 겁니다.

우리가 하나님 앞에 뜻을 반납하려면 반드시 실제적 대상이 있어야 합니다. 하나님의 뜻 앞에 내 뜻을 내려놓는 이 추상적인 개념을 실제화 시키는 것이 바로 영적 멘토 앞에 내 뜻을 내려놓는 겁니다. 예수님도 하나님에게 자신의 뜻을 내려놓으신 것 같이 성도들도 자신의 뜻을 내려놓을 영적 멘토가 있어야 합니다. 그래서 하나님은 성도들 위에 목사님을 영적 멘토로 세우신 겁니다.

어떤 성도들은 목사님도 인간이기 때문에 불완전하다며 목사님에게는 순종할 수 없다고 말합니다. 하지만 주인이 밭에 세워둔 생명없는 허수아비를 보고도 새들이 무서워하는 것처럼, 목사님이 아무것도 아닌 것 같아 보일지라도 목사님이 강대상에 서면 사탄이 무서워서 도망갑니다. 이것은 능력의 문제가 아니라, 권위의 문제이기 때문입니다. 하지만 성경은 이에 대해 이미 말하고 있습니다.

사무엘상 1장에 에브라임 지파 사람 엘가나가 등장합니다. 그에게는 브닌나와 한나라는 두 아내가 있었는데, 하나님이 한나의 태를 닫으셨으므로 브닌나는 한나를 심히 괴롭혀 근심케 합니다. 한나는 남편 엘가나의 사랑을 전부 받았지만 마음이 괴로워서 실로에서 하나님에게 통곡하며 기도합니다. 그리고 하나님이 아들을 주시면 그 아이를 하나님에게 드리겠다고 서원합니다. 이렇게 마음속으로 기도하는데 한나의 입술은 움직이지만 소리가 들리지 않는 것을 보고 엘리 제사장은 그녀가 술에 취한 줄로 알고 그녀를 책망합니다(삼상 1:13-14). 이에 한나는 어떻게 반응합니까? 사무엘상 1장 15-16절을 읽어봅시다.

"한나가 대답하여 가로되 나의 주여 그렇지 아니하니이다 나는 마음이 슬픈 여자라 포도주나 독주를 마신 것이 아니요 여호와 앞에 나의 심정을 통한것 뿐이오니 당신의 여종을 악한 여자로 여기지 마옵소서 내가 지금까지 말한 것은 나의 원통함과 격동됨이 많음을 인함이니이다"(삼상 1:15-16).

한나는 겸손한 자세로 자신의 사정을 엘리 제사장에게 설명합니다. 자신은 술에 취한 것이 아니라 슬픈 마음을 하나님에게 쏟아 놓은 것뿐이라고 말합니다. 한나의 말을 들은 엘리 제사장은 그녀의 기도가 하나님에게 응답받기를 축복해주고, 이에 한나는 엘리 제사장의 축복기도를 붙잡고 그날로부터 근심 빛이 사라지고 결국 기도의 응답으로 아들 사무엘을 얻습니다. 비록 엘리 제사장이 영적으로 무지하여 자신이 열심히 기도하고 있는 것도 알아보지도 못하고, 아들들인 홉니와 비느하스도 제대로 키우지 못하고, 하나님의 은총이 거두어졌어도, 한나는 엘리 제사장에게 복종합니다. 오늘날의 성도들은 지식 수준이 높아져서 자신의 견해대로 목사님을 판단하고 지적합니다. 하지만 목사님이 불완전하더라도 하나님이 세우신 주의 종에 복종하는 사람에게는 기도하고 구하는 바가 이루어지는 축복을 받습니다. 그것이 한나의 삶이었습니다.

　예수님이 가장 책망했던 사람들은 바리새인들이었습니다. 예수님은 바리새인들을 향하여 "뱀들아 독사의 새끼들아 너희가 어떻게 지옥의 판결을 피하겠느냐"(마 23:33)라고 책망하십니다. 하지만 그들을 격렬하게 책망하면서도 "무엇이든지 그들이 말하는 바는 행하고 지키되 그들이 하는 행위는 본받지 말라"(마 23:3)라고 말씀하십니다. 즉, 말만 많고 행하지 않는 바리새인일지라도 가르칠 때만큼은 사람들을 옳은 길로 인도하려고 하기 때문입니다.

　하나님 앞에는 누구든지 자신의 뜻을 내려놓겠다고 말합니다. 하나님의 뜻은 추상적이기 때문입니다. 하지만 하나님의 뜻 앞에 나의 뜻을 진정 내려놓기를 원하는 사람은 하나님이 세우신 영적 멘토 앞에 내려놓아야 합니다. 목자 앞에 자신의 뜻을 내려놓지 않는 사람은 절대 하나님 앞에 내려놓지 않습니다. 그래서 대부분의 사람들은 이 마지막 단계에서 와서 전부 불순종합니다. 아무리 '동해물과 백두산이 마르고 닳도록' 예수님을 믿고, 성경을 연구하고, 성경을 암송해도 십자가의 도에 접근하지 않은 신앙생활은 전부 헛방입니다. 크게 쓰임받는 사람과 그렇지 못한 사람은 큰 차이가 있는 것이 아니라, 오히려 99%가 동일합니다. 그런데 다 와서 이 마지막 한 술을 넘기지 못해서 인생이 판가름 나는 겁니다. 결국 모든 신앙생활의 끝은 십자가에서 나 자신을 내려놓는 것인데, 이것은 하나님 앞에만 내려놓는 것이 아니라 영적 멘토 앞에 내려놓는 겁니다.

영적 멘토에게 순종한다는 것은 쉬운 일이 아닙니다. 고린도후서 1장 20절을 읽어봅시다.

"하나님의 약속은 얼마든지 그리스도 안에서 예가 되니 그런즉 그로 말미암아 우리가 아멘 하여 하나님께 영광을 돌리게 되느니라"(고후 1:20).

독립된 자아를 파쇄하는 첫 번째 단계는 설교를 들을 때 '아멘'이라고 고백하는 겁니다. 아멘 할 때 내 자아가 무너지고, 하나님의 뜻이 내 속에 들어옵니다. 아멘은 히브리어로 '참으로 그러하다'라는 의미로, 내 뜻이 아니라 하나님의 뜻대로 살겠다는 고백입니다. 아멘을 하지 않는 사람은 아직도 겉 사람이 견고한 겁니다. 목사님의 설교가 마음에 들면 아멘을 하고, 마음에 들지 않으면 아멘을 하지 않는 사람은 아직도 자아가 싱싱하게 살아있다는 겁니다. 이런 사람에게는 성령님이 역사할 수 없습니다. 하지만 목사님의 책망이 떨어져도 아멘으로 화답하는 사람은 독립된 자아가 무너지는 겁니다. 그러므로 아멘을 많이 해야 합니다.

성 프란치스코와 제자들의 이야기

13세기 이탈리아의 수도자였던 성 프란치스코는 그의 후임자를 세우기 위해 제자들을 불러 모읍니다. 수도원 정원에 심겨진 꽃밭을 옮기는데, 꽃의 뿌리가 아니라 줄기 중간을 뜯어서 수도원 반대쪽에 심으라고 명령합니다. 이때 제자들은 세 부류로 나뉩니다. 어떤 제자들은 도무지 이성적으로 이해가 되지 않는 명령에 아예 꽃밭을 옮기지 않습니다. 또 어떤 제자들은 차마 줄기 중간은 뜯지 못하고 본인의 생각대로 꽃을 뿌리채 뽑아서 옮겨 심습니다. 그런데 그중 유일하게 한 제자만 성 프란치스코가 명령한 그대로 순종합니다. 그는 결국 꽃밭을 완전히 망쳐 놓습니다. 하지만 날이 저물고 성 프란치스코가 정원으로 돌아왔을 때, 누구를 그의 후임자로 세웠을까요? 바로, 꽃밭을 완전히 망쳐 놓은 제자였습니다. 십자가의 길, 주님이 가신 길은 이해가 되지 않을 때가 많습니다. 그러나 누가 그 길을 걸을 수 있을까요? 멘토의 뜻 앞에 자기의 뜻을 내려놓을 수 있는 자만이 걸을 수 있습니다.

여러분은 메시아의 나라에서 이기는 자가 되고 싶으십니까? 그렇다면 예수님이 말씀하신 것처럼, 누구든지 나를 따르려거든 자기의 십자가를 지어야 합니다.

"나를 구원하신 하나님, 감사합니다. 오직 예수 그리스도의 십자가만이 구원함이 있고, 그 십자가만이 죄, 마귀, 율법, 세상을 이긴다는 것을 믿습니다. 이기는 원리를 올바로 알고, 이기는 원리대로 살아가게 하옵소서. 나의 영적 멘토이신 목사님을 따르고 천국 시민의 삶을 살아갈 수 있도록 하옵소서. 예수님의 이름으로 기도하옵나이다. 아멘."

11

/

셋째 세상 : 메시아의 나라
메시아의 나라와 교회

요한계시록 1장 1-7절

¹예수 그리스도의 계시라 이는 하나님이 그에게 주사 반드시 속히 될 일을 그 종들에게 보이시려고 그 천사를 그 종 요한에게 보내어 지시하신 것이라 ²요한은 하나님의 말씀과 예수 그리스도의 증거 곧 자기의 본 것을 다 증거하였느니라 ³이 예언의 말씀을 읽는 자와 듣는 자들과 그 가운데 기록한 것을 지키는 자들이 복이 있나니 때가 가까움이라 ⁴요한은 아시아에 있는 일곱 교회에 편지하노니 이제도 계시고 전에도 계시고 장차 오실 이와 그 보좌 앞에 일곱 영과 ⁵또 충성된 증인으로 죽은 자들 가운데서 먼저 나시고 땅의 임금들의 머리가 되신 예수 그리스도로 말미암아 은혜와 평강이 너희에게 있기를 원하노라 우리를 사랑하사 그의 피로 우리 죄에서 우리를 해방하시고 ⁶그 아버지 하나님을 위하여 우리를 나라와 제사장으로 삼으신 그에게 영광과

능력이 세세토록 있기를 원하노라 아멘 ⁷볼찌어다 구름을 타고 오시리라 각인의 눈이 그를 보겠고 그를 찌른 자들도 볼터이요 땅에 있는 모든 족속이 그를 인하여 애곡하리니 그러하리라 아멘

셋째 세상인 메시아의 나라는 메시아를 중심으로 창조됩니다. 메시아의 나라는 죄, 마귀, 율법, 세상을 이기는 세상입니다. 오직 예수 그리스도의 십자가만이 구원에 이르는 길이며, 그 십자가의 길을 믿음으로 고백하는 자들이 메시아의 나라에 거할 수 있습니다. 사탄의 심장부였던 타락한 아담의 나라, 사탄의 왕국에 예수님은 인간의 모습으로 오셨습니다. 그리고 고난을 받으시고, 십자가에 못 박혀 죽으셨습니다.

예수님은 사탄에 의해 무너진 아담의 나라에 오셔서, 사탄의 심장부에서 십자가에 못 박혀 죽으시고, 그 곳에 교회를 세우셨습니다. 요한계시록의 일곱 교회를 보면, 예수님은 교회마다 이기는 자에게 메시아의 나라를 약속하십니다. 이것은 일곱 교회에게만 주시는 약속이 아니라, 세상의 모든 교회에게 주시는 약속입니다. 이김은 교회를 통해서 이루어지는 겁니다. 창세기는 제단을 통해서, 모세 때는 성막을 통해서, 솔로몬 때는 성전을 통해서, 그리고 오늘날의 신약시대는 교회를 통해서 이기는 겁니다. 교회 없이는 이길 수가 없습니다.

교회란?

마태복음 16장 18절을 읽어봅시다.

"또 내가 네게 이르노니 너는 베드로라 내가 이 반석 위에 내 교회를 세우리니 음부의 권세가 이기지 못하리라"(마 16:18).

교회는 사탄의 심장부에 세워져 있는 하나님의 나라입니다. 이 세상에 태어나는 모든 인간은 사탄의 소유로 태어납니다(요 8:44). 그런데 예수님이 이 땅에 오심으로, 하나님은 사탄에게 무너진 아담의 나라 중앙에 교회를 세우십니다. 이것은 지리적으로 중심보다 영적으로 중심인 것을 의미합니다. 그래서 누구든지 예수님을 붙잡으면 사탄의 소속에서 하나님의 소속으로, 사탄의 나라에서 하나님의 나라로, 어두움에서 빛으로 옮겨놓는 것이 바로 교회입니다. 그래서 시간이 날 때마다 교회에 오기를 좋아해야 합니다. 여러분이 앉는 교회의 자리가 얼마나 존귀한지를 알아야 합니다.

이 세상은 두 가지 왕국으로만 이루어져 있습니다. 사탄의 왕국과 예수님의 왕국(교회)입니다. 교회는 사탄의 왕국 한 가운데서 게릴라전을 펼치고 있습니다. 사람이 교회에 들어오는 순간, 사탄의 나라에서 예수님의 나라로 이민을 갑니다. 국적, 소속이 바뀝니다. 우리는 교회에 들어설 때마다 '우아, 이제 하나님의 나라 국경선 안에 들어왔다'라는 것을 기억해야 합니다. 이것은 마치 한국에 있는 외국 대사관의 개념과 같습니다. 한국에 있는 미국 대사관은 한국 땅에 있어도 미국 땅입니다. 한국의 법이 아닌 미국의 법이 다스리는 치외법권 지역입니다. 마치 탈북자들이 주중 대한민국 대사관에 들어가기 위해 목숨을 거는 이유가 들어가기 전까지는 중국 경찰에게 잡힐 수 있지만, 들어가기만 하면 중국 경찰이 절대 잡아갈 수 없는 것과 동일합니다. 사람이 처음으로 교회에 나가려고 할 때 마귀 경찰은 그 사람의 발목을 잡고 절대 놓아주지 않으려고 안간 힘을 씁니다. 하지만 교회 안에 들어오는 순간, 마귀 경찰은 절대 따라 들어오지 못합니다. 예수님은 교회를 가리켜 베드로에게 음부의 권세가 이기지 못할 것이라고 말하셨습니다. 사탄의 왕국에서 역사하는 죄, 질병, 사망, 죽음이 교회 안으로는 들어오지 못합니다. 교회는 하나님의 나라이기 때문에 사탄의 법과 문화가 지배하지 못합니다. 교회는 사탄의 영역이 미치지 못하는 치외법권 지역입니다.

사탄의 나라를 무너뜨리는 교회

사탄의 나라를 무너뜨리기 위해서는 교회를 많이 세워야 합니다. 사탄은 눈에 모래가 들어간 것처럼 교회 하나가 세워질 때 너무 싫어합니다. 사탄의 왕국이 교회 때문에 보통 고통을 당하는 것이 아닙니다. 그러므로 이 땅에 교회를 많이 세워야 합니다. 교회가 많아질수록 사탄의 나라는 힘을 잃고 하나님의 나라가 확장되기 때문입니다. 한국 교회가 더욱 부흥해서 사탄의 나라를 밀어내야 합니다.

지구상에 교회가 많이 세워진 국가들은 사탄의 문화가 약하고 하나님의 문화가 강합니다. 그런데 교회가 없는 나라들은 사탄의 왕국의 속성인 가난, 저주, 죽음이 지배합니다. 가장 대표적으로, 교회가 한 곳도 없는 북한은 굶어죽은 사람만 3백만 명입니다. 그래서 교회는 생명인 겁니다.

1988년 서울에서 열린 올림픽이 개막할 때, 참가국들이 자기 나라의 국기를 들고 입장하는 모습을 당시 모든 국민은 인상 깊게 보았을 겁니다. 여기에서 한 가지 놀라운 것은, 참가국들 중에 선진국으로 분류되는 나라들은 국기에 전부 십자가 문양이 그려져 있다는 사실입니다. 십자 모양은 기독교 국가임을 나타내며, 대표적으로 덴마크, 스웨덴, 노르웨이 등이 있습니다. 물론 지금은 옛날만큼 예수를 잘 믿지 않아도, 조상들의 독실한 신앙으로 사탄의 문화를 이기고 그리스도의 문화로 국가를 선진국으로 일구어낸 겁니다. 에베소 3장 10절을 읽어봅시다.

"이는 이제 교회로 말미암아 하늘에서 정사와 권세들에게 하나님의 각종 지혜를 알게 하려 하심이니"(엡 3:10).

정치인들은 사탄의 나라를 그대로 두면서 복지정책을 만들겠다고 애를 씁니다. 마귀의 나라, 마귀의 문화, 마귀의 종교, 마귀의 정치를 그대로 유지하면서 복지국가를 만들겠다는 것은 불가능

합니다. 반대로, 모든 것을 그냥 두어도, 한국 땅에 교회를 많이 세우면 자동적으로 국가의 문제들은 해결됩니다. 교회를 세우는 행위 자체가 국가의 문제를 해결하는 것이 아니라, 교회는 하나님의 나라이기 때문에 교회가 많아지면 하나님의 빛이 이 땅에 발하면서 사탄의 어두움이 물러가고 국민들의 지각이 살아나기 때문입니다. 그러므로 한국 땅에 10만 교회를 세워야 합니다. 10만 교회를 세우면 국가의 모든 문제는 해결될 겁니다. 그 영광스러운 자리에 여러분이 함께 서기를 축복합니다.

(기도)

"타락한 아담의 나라인 이 세상을 예수 그리스도의 십자가로 구원하시고, 만유를 회복하신 하나님께 감사와 영광을 드립니다. 만유를 회복하시고 메시아의 나라를 세우시고 그 안에서 천국 백성으로 살아가게 하심을 감사드립니다. 메시아의 나라가 오기까지 이 땅의 교회에서 하나님을 믿고 하나님의 백성으로서의 삶을 살아가게 하옵소서. 이 땅에 교회를 세우며 사탄 마귀와의 전쟁에서 승리하는 삶을 살아가게 하옵소서. 만유회복의 축복과 은혜를 경험하는 삶을 살게 하옵소서. 예수님의 이름으로 기도하옵나이다. 아멘."

전광훈 목사 설교 시리즈 Light 03

만유회복

초판 발행 2024년 12월 20일

지은이   전광훈
펴낸곳   주식회사 뉴퓨리턴

주소   서울특별시 성북구 장위로 40다길 19, 1층 106호(장위동)
대표전화 070-7432-6248
팩스   02-6280-6314
출판등록 제25100-2023-043호
이메일   info@newpuritan.kr

ISBN   979-11-989751-4-0 03230